Hablemos

2

Isabel Alonso de Sudea
Cathy Knill

OXFORD

OXFORD
UNIVERSITY PRESS

Great Clarendon Street, Oxford OX2 6DP

Oxford University Press is a department of the University of Oxford.
It furthers the University's objective of excellence in research,
scholarship, and education by publishing worldwide in

Oxford New York

Auckland Bangkok Buenos Aires Cape Town Chennai Dar es Salaam
Delhi Hong Kong Istambul Karachi Kolkata Kuala Lumpur Madrid
Melbourne Mexico City Mumbai Nairobi São Paulo Shanghai Taipei
Tokyo Toronto

Oxford is a registered trade mark of Oxford University Press in the UK
and in certain other countries

© Oxford University Press 2009

The moral rights of the author have been asserted

Database right Oxford University Press (maker)

All rights reserved. No part of this publication may be reproduced,
stored in a retrieval system, or transmitted, in any form or by any means,
without prior permission in writing of Oxford University Press or as
expressly permitted by law, or under terms agreed with the appropriate
reprographics rights organization. Enquires concerning reproduction
outside the scope of the above should be sent to the Rights Department,
Oxford University Press, at the address above

British Library Cataloguing in Publication Data

Data available

ISBN 978-0-19-460879-4

10 9 8 7 6 5 4 3 2 1

Printed in China

Acknowledgements

Adapted for Brazil by: Camilla Bazzoni with Raquel Manso Sancho
Cover Design by: Marília Garcia Marganelli
Design by: Usina da Criação

The publishers would like to thank the following for permission to reproduce photographs:

p. 20 Associated Sports Photography / Alamy / OtherImages

© 2008 Jupiterimages Corporation

All other photographs are by Martin Sookias. With special thanks to teachers and students at Wheatley Park School, Holton, Oxon.

Cover photograph: V1 / Alamy / Otherimages

The illustrations are by Martin Aston, Kessia Beverley-Smith, Clive Goodyear, Hardlines, Tim Kahane, Bill Ledger and Ohn Mar Win.

Every effort has been made to contact copyright holders of material reproduced in this book. Any omissions will be rectified in subsequent printings if notice is given to the publisher.

Bienvenido

Bienvenido a Hablemos 2. Este libro está ambientado en Bilbao, una ciudad en el norte de España, y en Guatemala, un país de Centroamérica.

En Bilbao vas a conocer a Belén, Roberto, Arantxa, Josu y Mirén. En Guatemala vas a conocer a Carlos Guillermo, Gabriel Alfonso, Amira Lucía y su familia.

Trabajando con Hablemos 2 podrás:
- conocer un poco sobre la vida en España y en Guatemala
- entender a las personas cuando hablan en español
- empezar a hablar español tú mismo
- aprender a leer y escribir en español.

Símbolos y encabezamientos que se usan en este libro

🎧 escucha la grabación correspondiente a esta actividad

📖 usa el diccionario para hacer esta actividad

💻 el ordenador puede ayudarte a hacer esta actividad

ADELANTE ➡
algo adicional para hacer si terminas pronto las actividades

ORIÉNTATE ➡ **p. 62**
una explicación de cómo funciona la gramática en español. **p. 62** mira esta página de la sección de gramática al final del libro

Palabras claves
expresiones que son útiles de aprender

¿Te ayudo?
expresiones que te ayudarán con las actividades

OJO
palabras y formas con las que hay que tener cuidado

¡SE PRONUNCIA ASÍ!
práctica de la pronunciación

Ponte a punto
sugerencias y práctica para ayudarte a aprender de manera más eficaz

A TI TE TOCA
es tu turno: vas a escribir o hablar sobre ti

¿LO SABES?
información sobre la vida en España o Guatemala

ESPACIO LIBRE
juegos y actividades al final de cada paso

INVESTIGACIÓN
proyecto

➡ **C24** es la página de referencia del cuaderno de ejercicios

Indice de materias

Unidad	Pág.	Contexto	Gramática y estructuras del lenguaje
Prepárate	6		
1 Ratos libres			
Pasatiempos	8	Actividades de ocio y pasatiempos	*Gustar* + verbo y el uso con la 3ª persona; uso del *pero* para contrastar
¿Qué deportes practicas?	10	Deportes y adónde vas	Comparaciones: *más…que, menos…que, tan…como*; cambios en la raíz: *jugar, preferir, querer*
¿Qué estás haciendo?	12	Qué haces en tu tiempo libre	Pasar el tiempo + participio presente; gerundio
¿Qué vas a hacer?	14	Decir qué vas a hacer	*a + el = al*; futuro inmediato *ir + a* + infinitivo
Adelante 1	16	Consolidación de la unidad 1	
Ponte a punto 1	18	Tiempos verbales y la secuencia temporal; el sonido de g/j; reglas del diccionario	Secuencias de tiempo
Espacio Libre 1	20	Deportes rurales y juego	
Repaso 1	22		
2 Casas y viviendas			
¿Dónde vives?	24	Dónde viven las personas	*Vivir*, números ordinales; puntos cardinales; direcciones
¿Cómo es tu casa?	26	Las casas y las partes de la casa	*Estar/ser*, preposiciones
¿Qué tienes en tu habitación?	28	Muebles	Adjetivos demostrativos; *hay/no hay* sin artículo; preposiciones
¿Qué tienes que hacer?	30	Tareas de casa	*Tener que* + infinitivo; *dormir*; adverbios de frecuencia; repaso de gerundio y de futuro inmediato
Adelante 2	32	Consolidación de la unidad 2	
Ponte a punto 2	34	Frases compuestas; familias de palabras; reglas auditivas	Conjunciones y conectivos
Espacio Libre 2	36	Canción; texto sobre el Feng shui	Adjetivos demostrativos
Repaso 2	38		
3 Paseos y excursiones			
¿Adónde fuiste?	40	Decir adónde fuiste y por qué	Pretérito del verbo ir (1ª – 3ª personas del singular); exclamaciones ¡Qué aburrido!
¿Dónde te alojaste?	42	Viajes, transporte y alojamiento	Pretérito de los verbos regulares terminados en –AR: *viajar, alojarse* (1ª – 3ª personas del singular)
¿Qué hiciste?	44	Decir lo que hiciste	Pretérito de los verbos regulares terminados en –ER e –IR: *comer, salir*; verbos irregulares: *tener, hacer, ver, estar*
¡Saludos desde Bilbao!	46	Describir las vacaciones usando el pretérito	El pretérito del plural de todos los verbos estudiados
Adelante 3	48	Consolidación de la unidad 3	
Ponte a punto 3	50	Línea del tiempo y tiempos verbales	
Espacio Libre 3	52	Juega un juego	
Repaso 3	54		

Unidad	Pág	Contexto	Gramática y estructuras del lenguaje
Investigación	56		
Gramática	58		
Vocabulario	66		

Cuaderno de Ejercicios

Unidad	Pág	Contexto	Gramática y estructuras del lenguaje
Paso 1: Ratos libres	7		
Paso 2: Casa y viviendas	13		
Paso 3: Paseos y excursiones	19		

Prepárate

Tu colegio va a participar en un intercambio con un colegio español.

Dónde	Cuáles	Cuántos
Quién	Cuándo	Cómo
Adónde	Quiénes	Qué (x2)

1a Completa la primera parte de estas preguntas con una interrogativa adecuada.

b Relaciona la primera parte con una segunda parte adecuada.

c Completa la pregunta con la forma correcta del verbo.

d Practica las preguntas con tu compañero/a.

1 ¿_____ (llamarse)
2 ¿_____ años (tener)
3 ¿_____ (ser)
4 ¿_____ te (gustar)
5 ¿_____ (preferir)
6 ¿_____ (estar)
7 ¿_____ (ser)
8 ¿_____ deportes (poder)
9 ¿_____ (ser)
10 ¿_____ (ir)

a tu deportista preferido/a?
b ir los fines de semana?
c al parque de atracciones?
d tus hermanos?
e hacer después del cole?
f tu hermana?
g tus preferidos?
h tu colegio en relación con tu casa?
i tus mejores amigos/as de la clase?
j hacer en tu colegio?

e Inventa más preguntas y practícalas con tu compañero/a.

2a 🎧 Escucha a tu corresponsal describiendo su colegio. Toma notas.
- La distancia de casa ◆ El horario de las clases
- La infraestructura ◆ El uniforme
- El número de alumnos ◆ Las instalaciones
- Y otros detalles, como lo que pasó ayer en el colegio

b Escribe una respuesta y contesta a la última pregunta acerca de tu colegio.

3 Quieres saber algo más acerca de los clubes después de clases y del polideportivo.

Prepara tus preguntas y escríbelas en una carta que vas a enviar a España.

¿Te ayudo?
¿A qué hora …?
¿Dónde … ?
prefieres/quieres/juegas

4 Tu corresponsal te manda este juego. Con tu compañero/a busca las diferencias.

A   B

6   seis

Prepárate

5 Lee la carta y escoge el adjetivo correcto.

… te cuento que siempre me llevo bien con (**1** todos/toda) mi familia. Somos una familia mixta, es decir, tenemos (**2** varias/varios) nacionalidades. Me encanta visitar a (**3** mi/mis) abuelos porque son muy (**4** amable/amables) y siempre están de (**5** buen/bueno) humor. Mi abuelo es (**6** guatemalteca/guatemalteco) y mi abuela es (**7** vascas/vasca). Su (**8** primer/primero) hijo es mi papá y es (**9** españoles/español) pero mi mamá es (**10** canadiensa/canadiense). En su balcón tienen varios pájaros (**11** roja/rojos) y (**12** verde/verdes). Tengo (**13** muchas/muchos) primos y todos jugamos juntos como un (**14** bueno/buen) equipo de fútbol. En (**15** este/esta) foto puedes ver a mi primo (**16** mayors/mayor), Juancho. Tiene los ojos (**17** azule/azules) como mi abuela pero (**18** su/tu) hermano menor Pedro tiene los ojos (**19** marrón/marrones) como mi abuelo …

6a Tu corresponsal te ha mandado otro juego. Busca la nacionalidad y profesión correcta para cada persona.

Nombre

1. El Ratón Mickey
2. Pablo Ruíz Picasso
3. Juan Pablo Montoya
4. Cleopatra
5. Pelé
6. Jennifer López
7. Penelópe Cruz

Nacionalidad

☐ brasileño
☐ colombiano
☐ española
☐ estadounidense
☐ español
☐ egipcia
☐ puertorriqueña

Profesión

☐ actriz
☐ actor
☐ reina
☐ cantante
☐ pintor
☐ automobilista
☐ futbolista

b Inventa otro juego para mandar a España.

7 Tu corresponsal quiere saber cómo eres tú. Escribe una carta describiendo tu apariencia física y cómo es tu carácter. No te olvides de decir cuál es tu nacionalidad, qué asignatura te gusta más y cuál no te gusta.

8a Busca seis meses del año en la sopa de letras:

Y	D	I	C	I	E	M	B	R	E	W
H	P	E	R	C	N	V	B	K	J	Q
E	T	M	B	F	E	B	R	E	R	O
I	Y	A	D	F	R	A	S	R	L	Y
L	X	Y	M	N	O	J	U	N	I	O
G	Z	O	J	A	G	O	S	T	O	M

b ¿Cuáles son los otros seis meses que no están en la sopa? Escríbelos.

_____
_____
_____
_____
_____
_____

9 ¿Qué haces…
los lunes a las 11 en punto?
los sábados por la noche?
los jueves a las 3:15?
los domingos al mediodía?
los miércoles a las 8:30?

_____
_____
_____
_____
_____

siete 7

Ratos Libres

1 Pasatiempos

Vas a aprender a…
✓ hacer y contestar a preguntas sobre lo que te gusta o no te gusta hacer

1 🎧 Escucha y lee.

¿Qué te gusta hacer en el tiempo libre?

Me gusta bailar salsa y salir con amigos. ¿Te gusta bailar?

A mí no, pero me encanta jugar con videojuegos.

2a 🎧 Escucha y anota los pasatiempos que menciona cada persona.
Ejemplo: **1 A, D, …**

b Por turnos con tu compañero/a pregunta y contesta.

A: ¿Te gusta tocar la guitarra?
B: Sí, me gusta./No, no me gusta.

c Habla de tus pasatiempos con tu compañero/a. Inventa un diálogo y escríbelo.

A: ¿Qué te gusta hacer en el tiempo libre?
B: Me gusta … pero no me gusta …
   Me encanta …

_____
_____
_____
_____

8 ocho

Ratos Libres Paso 1

3 🎧 Escucha a seis jóvenes. ¿Qué les gusta hacer? ¿Qué no les gusta hacer?
Ejemplo:

	😊	😠
1	tocar la guitarra	dibujar
2		

ADELANTE

Escribe las respuestas.
Ejemplo: 1 *Le gusta tocar la guitarra pero no le gusta dibujar.*

ORIÉNTATE

El verbo *gustar*

me gusta	escuchar
te gusta	ver
le gusta	salir
nos gusta	
os gusta	
les gusta	

El verbo *gustar* se conjuga solamente en la tercera persona (tanto para el singular como para el plural), y concuerda en número con el objeto que lo acompaña. Si va acompañado de un verbo, siempre va en singular. Mira el recuadro de arriba.

Me gust**a** salir con mis amigos.
¿Te gust**an** las fiestas?

Si quieres enfatizar o dejar muy claro **a quién** le gusta hacer algo, entonces dices:

A mi madre le gusta …
A Roberto le gusta …
A nosotros nos gusta…

4 Busca las formas del infinitivo de los verbos en los textos de arriba.
Clasifica los verbos en tres listas:
-ar, -er, -ir.

5a Lee el anuncio. ¿Quién es?

¡Hola!

Tengo 15 años y busco amigos/as por correspondencia. Me gusta leer y ver la televisión. Me encanta la música, por ejemplo tocar el piano o la guitarra.

No me gusta la informática en absoluto. Odio jugar con videojuegos.

Andrés

Pilar

Héctor

Laura

b Escoge a una persona. Tu compañero/a adivina quién es.

A: ¿Le gusta dibujar?
B: No, pero le gusta leer.
A: ¿Se llama Pilar?
B: Sí, es Pilar.

c Escribe un anuncio y busca a un(a) nuevo/a amigo/a en tu clase. Describe lo que a ti te gusta y no te gusta hacer.

ADELANTE

Escribe un anuncio para una de las otras personas de arriba.

C4—6

1 ¿Qué deportes practicas?

Vas a aprender a...
✓ decir qué deportes practicas y cuáles son tus favoritos
✓ preguntar a las personas qué deportes les gusta practicar y cuáles prefieren
✓ hacer comparaciones

1a 🎧 Mira la encuesta y escucha. ¿De qué deporte habla cada persona?

b ¿Verdadero (✓) o falso (✗)?
☐ 1 El surf es más popular que el tenis.
☐ 2 El voleibol es más popular que el golf.
☐ 3 El baloncesto es más popular que el fútbol.
☐ 4 El golf es menos popular que la natación.
☐ 5 La pelota vasca es tan popular como el ciclismo.

▷ ADELANTE

Corrige las frases falsas. Escríbelas correctamente.

2 ¿Que significan estas palabras?

el tenis	el golf	el fútbol
la gimnasia	el atletismo	el baloncesto
el balonmano	el hockey	el squash
el windsurf	el jogging	el boxeo
la bicicleta	el gol	el balón

_____
_____
_____
_____
_____
_____
_____

Encuesta:
- el surf 15 %
- el baloncesto 9 %
- la escalada 1 %
- el ciclismo 5 %
- el fútbol 25 %
- la natación 10 %
- el tenis 10 %
- el golf 5 %
- la pelota vasca 10 %
- el voleibol 10 %

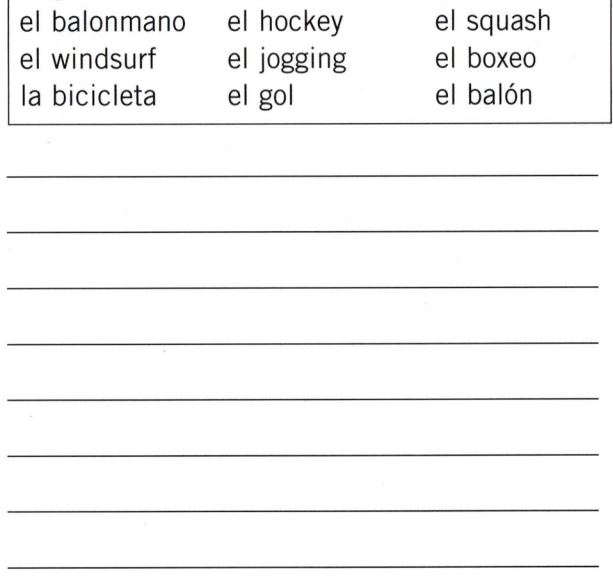

3a ¿Cuántos deportistas sabes nombrar?

Jugadores de fútbol de Europa
Jugadores de fútbol de América
Ciclistas
Tenistas
Jugadores de baloncesto
Jugadores de voleibol
Nadadores
Surfistas

b ¿Conoces a otros deportistas famosos? ¿Quiénes son y qué deportes practican?

Ratos Libres Paso **1**

4a 🎧 Escucha y lee.

—¿Qué deportes practicas?
—Juego al tenis y al fútbol. El fin de semana practico el ciclismo.
—¿Cuál prefieres?
—Prefiero el fútbol. Quiero ser futbolista. ¿Y tú?
—Prefiero el baloncesto. Quiero ser profesional en un equipo famoso.

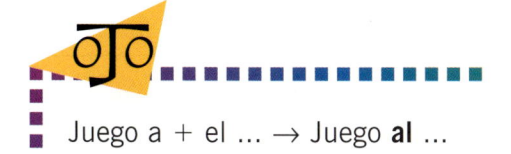

OJO

Juego a + el ... → Juego **al** ...

b Practica el diálogo con tu compañero/a.

c Inventa y practica otro parecido.

_____
_____
_____
_____
_____
_____

5a Haz una encuesta con las siguientes preguntas a tres compañeros/as:

— ¿Qué haces cuando hace frío?
— ¿Qué haces cuando hace calor?
— ¿Qué deportes practicas?
— ¿Cuál es tu deporte favorito?
— ¿Qué deportes te gusta ver en la tele?

b Ahora compara las encuestas y escribe frases.
Ejemplo: Más personas juegan al fútbol que al tenis cuando hace calor.

_____
_____
_____
_____
_____

ORIÉNTATE
p. 61

Los verbos con cambio de raíz en presente del indicativo

Existen muchos verbos en español que sufren cambios de raíz u ortografía.

jugar > ue	preferir > ie	querer > ie
j**ue**go	pref**ie**ro	qu**ie**ro
j**ue**gas	pref**ie**res	qu**ie**res
j**ue**ga	pref**ie**re	qu**ie**re
jugamos	preferimos	queremos
jugáis	preferís	queréis
j**ue**gan	pref**ie**ren	qu**ie**ren

En los verbos arriba, se trata de una *diptongación*, o sea, la formación de una sílaba tónica en diptongo. Fíjate que no hay cambio en *nosotros* y en *vosotros*.

6 Escribe frases sobre los pasatiempos y los deportes que te gustan.
Juego   al/a la ...
Prefiero   el/la ...
Quiero ...

C4—7

1 ¿Qué estás haciendo?

> **Vas a aprender a...**
> ✓ hacer preguntas sobre lo que está haciendo una persona en ese momento
> ✓ hablar acerca de tu tiempo libre

1 🎧 Escucha y mira el dibujo de la página siguiente. ¿Quién habla?
Ejemplo: 1 Luis

ORIÉNTATE
p. 61

El gerundio

Para decir que la acción ocurre en el momento que la enunciamos, hay que usar el verbo *estar* (en su forma conjugada) + el gerundio.

El gerundio, en español, se forma así:

verbos de la 1ª conjugación (-AR)
tocar > tocando
verbos de la 2ª conjugación (-ER)
comer > comiendo
verbos de la 3ª conjugación (-IR)
escribir > escribiendo

OJO

Fíjate que estos dos verbos de la 2ª y 3ª conjugación son irregulares en gerundio:
dormir > durmiendo   leer > leyendo

estoy	estamos	} tocando la guitarra
estás	estáis	} comiendo caramelos
está	están	} escribiendo una carta

¿Qué estás haciendo? Estoy bailando.
¿Qué está haciendo Dolores? Está bailando.

Es posible usar la frase *pasar el tiempo* + gerundio para decir qué haces en tus ratos libres:

Paso el tiempo leyendo revistas y novelas románticas.
Enrique *pasa el tiempo* viendo la tele y escribiendo cartas.

2a Mira el dibujo otra vez. Por turnos con tu compañero/a pregunta y contesta.
A: ¿Qué está haciendo Luis?
B: Luis está comiendo caramelos. Y Vanesa, ¿qué está haciendo?

b Escribe frases para describir el dibujo.
Ejemplo:
1 *Luis está comiendo caramelos.*

3a Por turnos con tu compañero/a escoge a una persona. Tu compañero/a adivina quién eres.
Ejemplo:
A: ¿Estás durmiendo?
B: No.
A: ¿Estás hablando con tu amiga?
B: Sí.
A: ¿Eres Pilar?
B: Sí, soy Pilar.

b Pregunta a tu compañero/a qué hace en su tiempo libre. Usa la expresión *pasar el tiempo* + gerundio.
Ejemplo:
A: ¿Qué haces en tus ratos libres?
B: Paso el tiempo paseando en el parque.

Ratos Libres Paso 1

Estoy comiendo caramelos.

Estoy leyendo una revista.

1 ¿Qué vas a hacer?

Vas a aprender a…
✓ hacer y contestar a preguntas sobre adónde tú y las otras personas vais
✓ hacer y contestar a preguntas sobre lo que tú y las otras personas vais a hacer

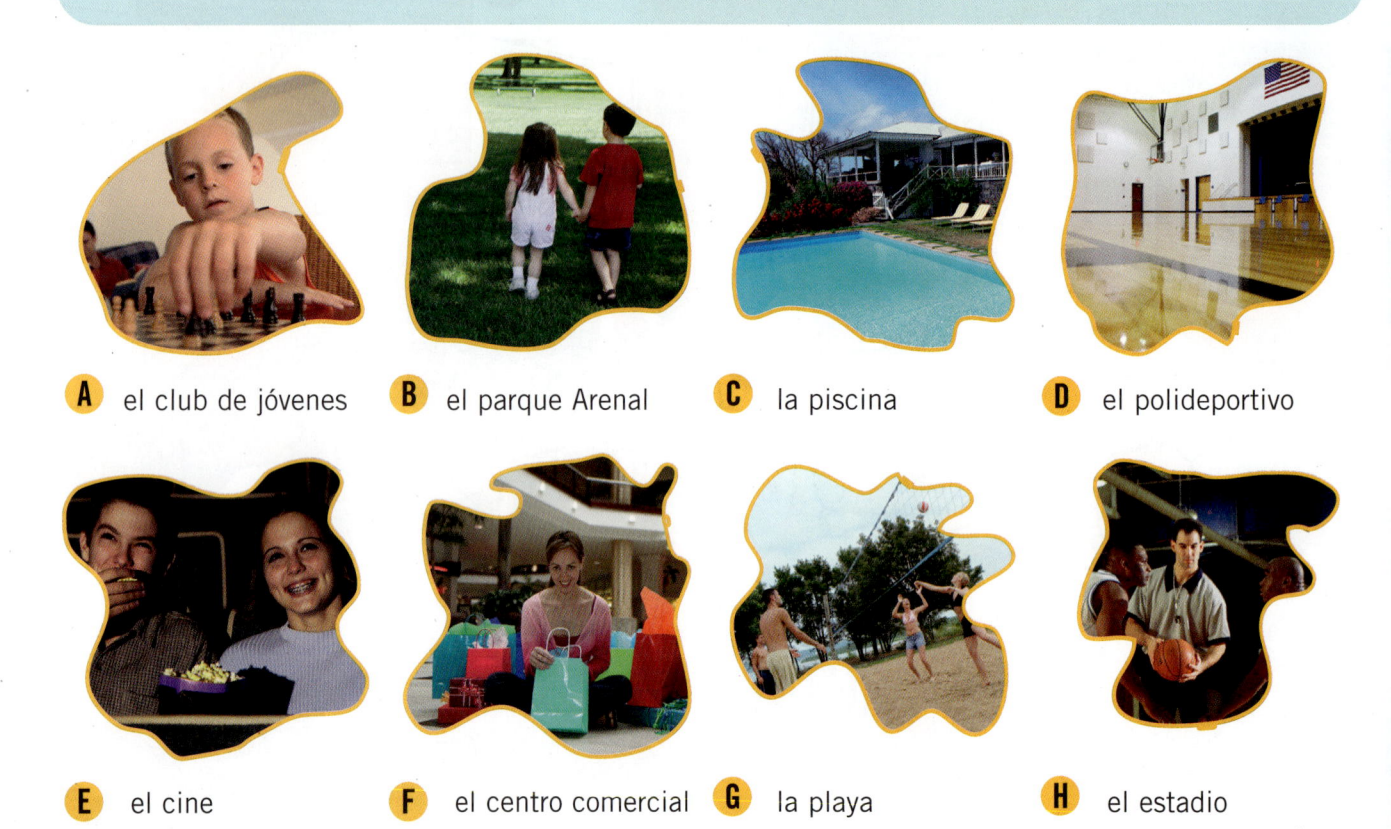

A el club de jóvenes   **B** el parque Arenal   **C** la piscina   **D** el polideportivo

E el cine   **F** el centro comercial   **G** la playa   **H** el estadio

1a 🎧 Escucha. ¿En qué orden oyes mencionar las fotos?
Ejemplo: A, …

OJO
Voy a + el …   Voy **al** …

b Escucha otra vez. ¿Adónde va Belén esta semana? Anota en la agenda.

c Escucha una vez más. ¿Con quién va?

d Mira la agenda de Belén. Inventa un diálogo con tu compañero/a.

¿cuándo?	¿adónde?	¿con quién?
lunes	piscina	Susana
martes		
miércoles		

A: ¿Adónde vas el lunes?
B (Belén): El lunes voy a la piscina.
A: ¿Con quién?
B (Belén): Voy con Susana.
A: ¿Adónde vas el martes?

Ratos Libres Paso 1

2a Empareja los bocadillos con los dibujos.

- Mi hermano va a hacer surf en la playa.
- ¿Adónde vais a ir?
- Voy a hacer compras en el centro comercial.
- Mis amigos van a salir hoy.
- Vamos a correr en el parque.

b 🎧 Escucha y verifica.

c Por turnos con tu compañero/a di y señala.
- **A:** Vamos a correr en el parque.
- **B:** Dibujo B.

- Hola, Belén, ¿adónde vas?
- Voy al estadio – al fútbol.
- ¿Vas a jugar?
- No, voy a ver el partido.

ORIÉNTATE
p. 62

El futuro inmediato

Para decir que una acción va a realizarse en el futuro hay que usar el verbo *ir* + la preposición *a* + un verbo de acción.

voy	a	jugar al tenis
vas	a	ver el partido de fútbol
va	a	salir con su amigo
vamos	a	practicar voleibol en el parque
vais	a	bailar salsa en el club
van	a	nadar en la piscina

La perífrasis *ir a* + infinitivo también expresa las previsiones de quien habla sobre alguna cosa que va a ocurrir en el futuro.
Va a llover muy fuerte esta tarde. ¡Ten cuidado!

OJO

El verbo *ir*, en ese caso, no tiene el significado de movimiento, sino el inicio de una acción.

ADELANTE ➡

Escribe otros bocadillos para los dibujos de la actividad **2a**.

3a A ti te toca. Escribe tu agenda para la semana que viene.

b ¿Que vas a hacer? Escribe unas frases.
Ejemplo: En lunes voy a...

C11

quince 15

1 ADELANTE

1a ¿Cuántas preguntas conoces ya? Intenta acordarte de muchas preguntas. Escríbelas todas.

¿Qué tal?
¿Cómo te llamas/se llama?

b Compara tu lista con la de tu compañero/a. Pratica con él/ella y contesta a las preguntas.

2a Escoge la palabra adecuada para completar el diálogo.

¿adónde? ¿cómo? ¿cuál? ¿qué? ¿cuándo? ¿cuántos? ¿quién?

—¡Hola! ¿___ tal? ¿___ estás?
—Muy bien, gracias. ¿___ vas?
—Voy al polideportivo.
—¿Qué vas a hacer?
—Voy a jugar al fútbol esta tarde.
—¿Con ___?
—Con otros compañeros de clase.
—¿___ otros deportes practicas?
—Me gustan también el rugby y el voleibol.
—¿___ prefieres?
—El rugby, porque es muy competitivo.

b 🎧 Escucha y verifica.

c Practica el diálogo con tu compañero/a.

3 ¿Qué opinas? Escribe unas frases sobre lo que más te gusta hacer.
Ejemplo: *Me encanta coleccionar sellos porque es interesante.*
Me gusta ... porque ...
No me gusta ... porque ...
Detesto/Odio ... porque ...

cocinar

el esquí acuático

el ping-pong

coleccionar sellos

emocionante
divertido/a
tranquilo/a
competitivo/a
aburrido/a
creativo/a

16   dieciséis

Ratos Libres Paso 1

4a Lee el email de Luisa.

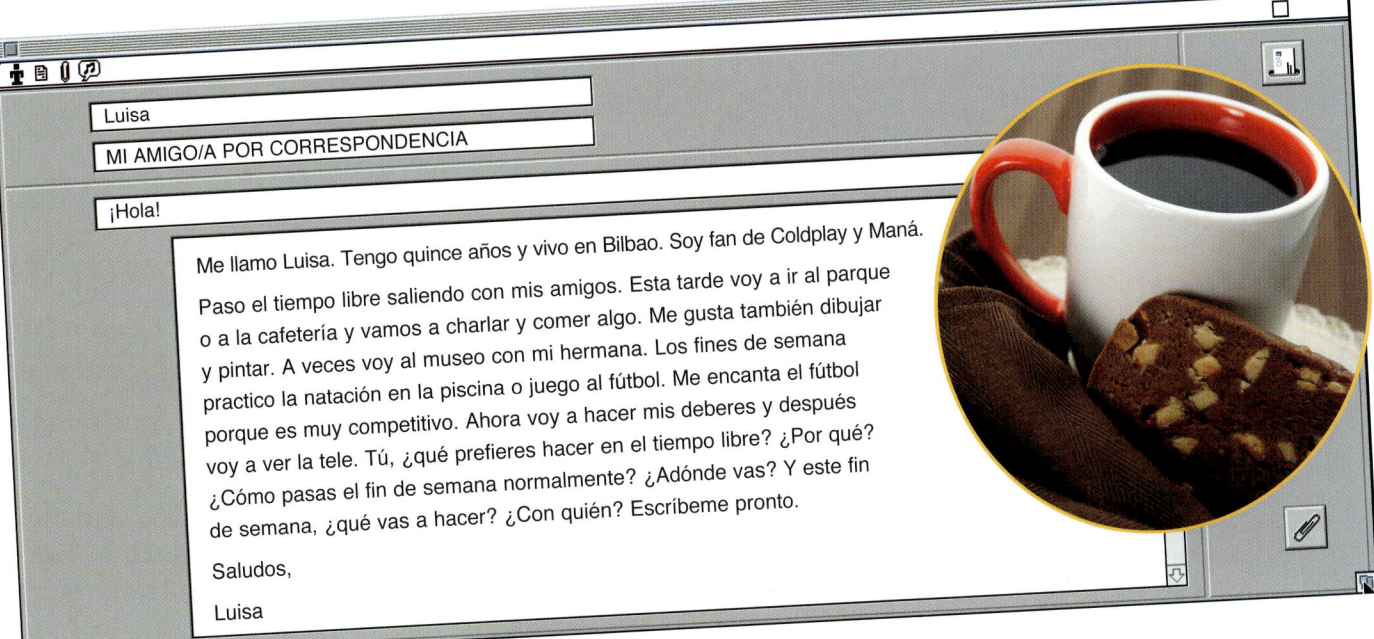

Luisa

MI AMIGO/A POR CORRESPONDENCIA

¡Hola!

Me llamo Luisa. Tengo quince años y vivo en Bilbao. Soy fan de Coldplay y Maná.

Paso el tiempo libre saliendo con mis amigos. Esta tarde voy a ir al parque o a la cafetería y vamos a charlar y comer algo. Me gusta también dibujar y pintar. A veces voy al museo con mi hermana. Los fines de semana practico la natación en la piscina o juego al fútbol. Me encanta el fútbol porque es muy competitivo. Ahora voy a hacer mis deberes y después voy a ver la tele. Tú, ¿qué prefieres hacer en el tiempo libre? ¿Por qué? ¿Cómo pasas el fin de semana normalmente? ¿Adónde vas? Y este fin de semana, ¿qué vas a hacer? ¿Con quién? Escríbeme pronto.

Saludos,

Luisa

---

b Mira las fichas. Busca a un/a amigo/a por correspondencia para Luisa.

Nombre: Iván
Edad: 16
Pasatiempos: salir con amigos, música, poesía
Deportes preferidos: fútbol, voleibol

Nombre: Ana Isabel
Edad: 15
Pasatiempos: lectura, cocina, cine
Deportes preferidos: natación, baloncesto

Nombre: Raúl
Edad: 14
Pasatiempos: tocar batería, ver televisión
Deportes preferidos: golf, tenis

c Contesta a las preguntas.
1 ¿Cómo pasa Luisa el tiempo libre?
2 ¿Qué deportes practica?
3 ¿Cuál prefiere?
4 ¿Adónde va con su hermana?
5 ¿Por qué le gusta el fútbol?
6 ¿Qué va a hacer después de hacer los deberes?
7 ¿Qué va a hacer esta tarde?

d Escribe una ficha con tus datos personales.

e Escribe un email a Luisa. Contesta a sus preguntas.

1 Ponte a punto (1)

> **Vas a aprender un poco más…**
> ✓ sobre los tiempos verbales
> ✓ sobre la pronunciación de las letras *j* y *g*
> ✓ a trabajar con tu diccionario

Los tiempos verbales

Los tiempos verbales indican cuándo ocurre una acción en la línea del tiempo, es decir, el momento en que se realiza la acción.

El infinitivo expresa el significado del verbo. Para buscar un verbo en el diccionario, hay que saber su infinitivo, porque las formas conjugadas no aparecen en el diccionario.

Hasta ahora hemos estudiado el presente del indicativo (para indicar acciones habituales, verdades y datos históricos), el imperativo (para dar órdenes), el gerundio (para indicar una acción que ocurre ahora) y el futuro inmediato con la perífrasis verbal *ir a* + infinitivo (para indicar acciones que van a ocurrir de seguro). Mira los ejemplos:

Normalmente **juego** al tenis en el verano.
Ahora **estoy jugando** al tenis en el otoño.
Paso mi tiempo libre **jugando** al tenis.
Mañana **voy a jugar** al tenis con mis amigos.

1 Ahora haz lo mismo con el verbo *comer*.

Normalmente ……………… a las seis.
Ahora ……………… una ensalada verde.
Paso mi tiempo libre ……………… chocolate.
Mañana ……………… a las siete.

2 Escribe frases sobre lo que haces usando las siguientes estructuras verbales.

tocar:	toco	estoy tocando	voy a tocar	la guitarra
ver :	veo	estoy viendo	voy a ver	la tele
salir:	salgo	estoy saliendo	voy a salir	con amigos

3 Haz una línea del tiempo para mostrar cuándo ocurre cada acción.

normalmente	ahora	mañana

Ratos Libres Paso 1

Vocabulario

andar en bici	el golf	la cafetería
bailar ballet	la natación	el centro comercial
bailar salsa	la pelota vasca	el cine
coleccionar sellos	el ping-pong	el club de jóvenes
dibujar cómics	el tenis	el estadio
escuchar música	el surf	el gimnasio
jugar con videojuegos	el voleibol	el parque
leer revistas		la piscina
leer periódicos	bailar	el polideportivo
mirar la tele	comer	la playa
montar a caballo	dormir	
pasear con los amigos	escuchar	
salir con amigos	gustar	hace calor
tocar la guitarra	ir	hace frío
tocar la batería	jugar	
	pasear	ahora
el atletismo	practicar	hoy
el baloncesto	preferir	mañana
el balonmano	querer	
el boxeo	ser	invierno
el ciclismo	tener	otoño
la escalada	más … que	primavera
el esquí	menos … que	verano
el fútbol	tan … como	

¿Entiendes el diccionario?

3a Mira el ejemplo:

> **bai.lar** /bailár/ **1** *intr. tr.* [algo; con alguien] Mover el cuerpo siguiendo el ritmo de la música: *ayer fui a ~ a la discoteca.*
> **bai.la.rín, ri.na** [bailarín, rína] *m. f.* Persona que se dedica a bailar: *la chica que conocí ayer es ~ de profesión.*
> **bai.le** [baile] **1 m.** Acción de bailar: *el ~ nunca se me ha dado bien.*

b ¿Sabes lo que significan las abreviaturas?
intr.
tr.
m.
f.

Las consonantes 'j' y 'g'

4a 🎧 Escucha y repite.

J		G
joven	rojo	gato
pájaro	hija	gorila
julio	jueves	gusta
tijeras	ejemplo	grande
jirafa	Jiménez	geografía
		tecnología

b Lee y pronuncia.

tortuga	guapo
largo	negro
gimnasio	Argentina

c 🎧 Escucha y verifica.

C45—46

1 ESPACIO LIBRE

¿LO SABES?

Deportes rurales

Los juegos y deportes populares vascos están basados en la fuerza. Uno de los más espectaculares es el *harriketa*, el levantamiento de piedras, a veces de más de 300 kg.

QUIZ

1 El primer mundial de fútbol se celebró
a en 1930, en Uruguay
b en 1940, en Argentina
c en 1950, en Chile

2 Mira la foto. ¿Quién es?
a Juan Pablo Montoya
b Rafael Nadal
c Marcelo Ríos

3 El deporte más practicado del mundo es
a el fútbol
b el baloncesto
c el voleibol

4 El baloncesto se inventó en
a 1950
b 1891
c 1500

5 El merengue es
a un caballo
b una asignatura
c un baile

6 El Karate vino de qué país?
a India
b China
c Japón

7 La cantante Shakira es de
a Argentina
b Colombia
c Venezuela

8 Pedro Almodóvar es
a director de música
b director de fútbol
c director de cine

Ratos Libres Paso 1

Los Cocolocos

— ¡Estupendo! ¡El fin de semana!
— ¡Huh!
— ¿Qué hace tu familia en el tiempo libre?
— Es de locura...

— A mi hermana le gusta cantar y bailar.
— Mi abuela pasa el tiempo libre haciendo aeróbic.
— Y mi padre navega por Internet.

— ¿Y a ti, qué te gusta hacer?
— ¡Yo prefiero ir al parque!

A TI TE TOCA

Por turnos con tu compañero/a pregunta y contesta.

¿Qué te gusta hacer en el tiempo libre?	Me gusta ...
¿Te gusta bailar?	Sí, .../No, ...
¿Qué deportes practicas?	Juego a/al ... y practico ...
¿Cuál prefieres?	Prefiero ...
¿Adónde vas esta semana?	Voy a/al ...
¿Con quién?	Con ...
¿Cómo pasas el tiempo libre?	Paso ...
¿Qué estás haciendo ahora?	Estoy ...
¿Qué vas a hacer mañana?	Voy a ...

C12

1 Repaso 1

Mira la sección *A ti te toca*
página 21

1 ¿Qué vas a hacer la semana que viene? Escribe tu agenda.

Lunes _____
Martes _____
Miércoles _____
Jueves _____
Viernes _____
Sábado _____
Domingo _____

2 Completa con la forma correcta del verbo.

¿Tú _____ (jugar) al fútbol o _____ (preferir) el balonmano?
Yo _____ (preferir) jugar al fútbol.
¿Y él?
A él le _____ (gustar) el voleibol. ¿Y tú, qué _____ (preferir)?
A mí me _____ (gustar) jugar al fútbol también.

3 Pregunta a tu compañero/a qué hace en su tiempo libre.

4 Y tú, ¿qué haces en tu tiempo libre? ¿Qué te gusta hacer y qué no te gusta? Escribe un párrafo.

5 ¿Cuáles son los deportes más famosos en tu país? ¿Te gusta jugar a alguno? ¿Cuál? ¿En el colegio tú y tus compañeros/as practicáis deportes? ¿Cuáles?

Ratos Libres Paso 1

6 Por turnos con tu compañero/a pregunta y contesta.

1 ¿Cómo te llamas?

2 ¿Cuántos años tienes?

3 ¿Cómo eres?

4 ¿Tienes hermanos/as?

5 ¿Qué asignaturas te gustan?

6 ¿Qué asignaturas no te gustan?

7 ¿Qué te gusta hacer en el tiempo libre?

8 ¿Qué deportes practicas?

9 ¿Qué vas a hacer durante el verano?

7a Lee el texto. Escoge a un(a) amigo/a por correspondencia.

b Escribe una carta a quien has escogido. Di cómo eres, si tienes animales y qué te gusta hacer en el tiempo libre.

AMIGOS POR CORRESPONDENCIA

1 ¡Hola! Soy una Tauro de 17 años. Me encanta el cine, la música y los vampiros. Me gustaría conocer gente de todo el planeta. ¡Si tienes entre 10 y 30 años, escríbeme! *Lola, Tarragona*

2 ¡Hola, gente! Soy Alicia. Tengo casi 15 años. Si tienes entre 13 y 15 años y te gusta bailar, ¿a qué esperas? *Alicia, Valencia*

3 ¡Hola! Somos dos chicas de 16 años que queremos cartearnos con gente de todo el mundo. Nos gustan la música, el voleibol y el tenis. *Noelia y Sandra, Badajoz*

4 ¡Hola, amigos! Soy Vanesa y necesito un gran favor. Si sabes dibujar bien, ¿me podrías dibujar a Eros Ramazzotti? A cambio te podría dar material de tus ídolos. Espero que me escribas. *Vanesa, Sevilla*

5 Me llamo José y tengo 13 años. Quiero recibir sellos de todo el mundo para crear un Record Guinness. Por favor, envíame tus sellos. *José, Cádiz*

6 ¡Hi! Me llamo Oscar y me gustaría cartearme con chicas. Soy divertido e inteligente. Me gusta la música y el fútbol. Mandadme vuestras cartas. *Oscar, Barcelona*

2 ¿Dónde vives?

> **Vas a aprender a...**
> ✓ hacer y contestar a preguntas sobre dónde vives
> ✓ decir en qué piso vives
> ✓ describir tu casa y la casa de otras personas
> ✓ decir tu dirección y hacer preguntas sobre la dirección de otras personas

Casas y viviendas

1a 🎧 Escucha e identifica la foto.
Ejemplo: 1 D

b 🎧 Escucha otra vez y anota.
Ejemplo:

Nombre	Región	Vivienda	Dónde
Belén	norte	granja	en el campo

c Por turnos con tu compañero/a toma el papel de cada persona.

A: ¿Dónde vives?
B: Vivo en el norte.
A: ¿Vives en una casa?
B: No, vivo en una granja.
A: ¿Vives en el campo?
B: Sí, vivo en el campo.

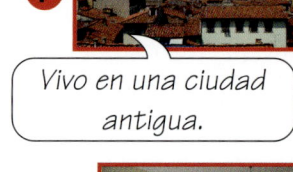

ADELANTE ➡

Escribe unas frases sobre dos de estas personas.
Ejemplo: Belén vive en el norte de España. Vive en ...

A Vivo en una granja en el campo.

B Vivo en un piso en las afueras.

F Vivo en una ciudad antigua.

E Vivo en una casa nueva.

D Vivo en un apartamento en el centro.

C Vivo en una casita en un pueblo.

•• Palabras claves ••••••••••••••••••••

Vivo ... en un apartamento/un piso   en la ciudad
en una casa   en la costa
en una finca/una granja   en el campo
en una casita   en un pueblo
en el centro/en las afueras/en un barrio

24 veinticuatro

Casas y viviendas Paso 2

2a 🎧 Escucha y lee.

b Lee las frases. Escucha. Pon (✓) si es verdadera o (✗) si es falsa.

☐ 1 Roberto vive en el cuarto piso.
☐ 2 Tiene tres hermanas.
☐ 3 Vive en un barrio bonito.
☐ 4 Sus abuelos ya no son jóvenes.
☐ 5 Atxuri vive en el edificio también.
☐ 6 Tiene un jardín bonito.

ADELANTE ➡

Corrige las frases falsas por escrito.

●● Palabras claves ●●●●●●●●●●●●●●●

1 primer(o)/a
2 segundo/a
3 tercer(o)/a
4 cuarto/a
5 quinto/a
6 sexto/a
7 séptimo/a
8 octavo/a
9 noveno/a
10 décimo/a
11 número once
12 número doce

3a 🎧 Escucha e identifica la dirección o el número de teléfono.
A C/ Simón Bolívar, nº 17, 48013 Bilbao
B Avda. Sabino Arana, 8 — 5º izq.
C Pza. Fco. Moyúa, 2 — 4º der.
D (94) 620 11 81

Edificio Jauregui 5º izq.
48003 Bilbao
Vizcaya
España

¡Hola! Vivo en el quinto piso con mis padres y mis dos hermanos. Vivimos en Bilbao en un barrio que se llama Atxuri. Es muy bonito. Mis abuelos viven en la planta baja porque son viejos. Tengo dos amigas que viven en mi edificio: Mirén vive en el tercer piso y Arantxa vive en el cuarto. No hay ni jardín ni garaje — es una lástima. Escribe pronto y mándame una foto de tu casa y tu barrio. Explica dónde está, con quién vives y dónde viven tus amigos.

Roberto

P.D. Mi número de teléfono o fax es el (94) 620 13 82 y mi email es rob245@bilbao.com Mándame también tu número de teléfono y tu fax o email.

b Explica cómo se dice.

1 Tfno. (94) 617 91 54
2 C/ Ribera, 16, 48005 Bilbao
3 Pza. de Emilio Campuzano, nº 4
4 Avda. Manuel Allende, 12 — 3º der.

c 🎧 Escucha y escribe las direcciones y los números de teléfono.

4 A ti te toca. Escribe tu dirección y tu número de teléfono en español.

_____
_____

ADELANTE ➡

Escribe una carta a Roberto contestando a todas sus preguntas.

¡Hola Roberto!
Te cuento que yo vivo en …

2 ¿Cómo es tu casa?

Vas a aprender a…
✓ hacer y contestar a preguntas sobre dónde están las partes de tu casa
✓ describir las partes de tu casa
✓ hacer y contestar preguntas sobre dónde están las personas

1a 🎧 Escucha e indica dónde está el fantasma.

b Por turnos con tu compañero/a toma el papel del fantasma.

A: ¿Dónde estás?
B: Estoy en el comedor.
A: Entonces estás en la planta baja.

ORIÉNTATE

▶ p. 63-64

Los verbos *ser* y *estar*

El verbo *ser* expresa sentido de existencia y da las características de una persona o cosa. También se usa para decir la profesión de alguien.

El verbo *estar* expresa el tiempo con precisión, el lugar o el estado de una persona o momentos de una acción. El verbo *estar* + gerundio tiene valor de continuidad, es decir, describe lo que está ocurriendo ahora.

Como el verbo *ser*, *estar* también es irregular.

s.   pl.
(yo)   (nosotros)
(tú)   (vosotros)
(él/ella/usted)   (ellos/ellas/ustedes)

| estamos | estoy | estáis |
| está | están | estás |

2 Empareja el verbo con la persona que le corresponde.
Ejemplo: Yo estoy

LA CASA ESTRAFALARIA

- EL TEJADO
- LA AZOTEA
- EL DESVÁN
- EL TERCER PISO
- EL BAÑO
- OTRAS HABITACIONES
- EL SEGUNDO PISO
- LA DUCHA
- MI HABITACIÓN
- EL PRIMER PISO
- LA VENTANA
- LA SALA
- EL BALCÓN
- EL JARDÍN
- EL ESTUDIO
- LA PLANTA BAJA
- LA TERRAZA
- EL COMEDOR
- EL SÓTANO
- LA PUERTA
- EL PATIO
- LA COCINA
- EL BAÑO PEQUEÑO

Casas y viviendas Paso 2

3a 🎧 Escucha. Escribe una lista de los cuartos.

b Escucha otra vez y anota la descripción.
Ejemplo: 1 comedor — bonito

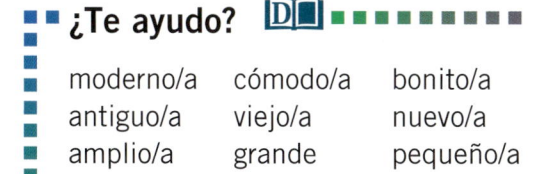

¿Te ayudo?

moderno/a	cómodo/a	bonito/a
antiguo/a	viejo/a	nuevo/a
amplio/a	grande	pequeño/a

4 A ti te toca. Haz un diálogo con tu compañero/a. Practica oralmente.

A: En tu casa ¿cómo es la cocina?
B: La cocina es moderna y bonita.
A: ¿Tienes jardín?
B: Sí, tenemos un jardín pequeño./
No, no hay jardín.

> ¿Hay jardín?
> Sí, hay **un** jardín pequeño.
> No, no hay jardín.

ORIÉNTATE p. 60
Las preposiciones

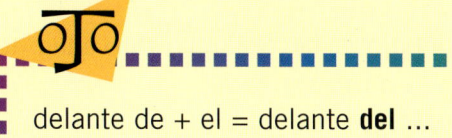

detrás/delante
entre
enfrente

> delante de + el = delante **del** …

5 Mira los animales y completa las frases.

1 El perro está ___ del gato.
2 El caballo y la culebra están ___ del gato.
3 El gato está ___ el perro y el hámster.
4 El conejo está ___ del caballo.
5 El hámster está ___ del conejo.

6a De espaldas con tu compañero/a.
A: *Dibuja y describe tu apartamento imaginario.*
B: *Dibuja el apartamento.*

b ¡Verificad el resultado!

ADELANTE ➡

Escribe una breve descripción de tu casa del futuro.

_____
_____
_____

¿Te ayudo?

¿Dónde va a estar?
¿Cómo va a ser?
¿Cuántos cuartos/pisos va a tener?
¿Cuáles? ¿Dónde van a estar?
(No) va a haber …

7a Haz una encuesta con algunos compañeros/as. Mira las preguntas. Si quieres, puedes inventar otras.

¿Vives en una casa o en un edificio?
¿Cuántos pisos hay?
¿Cuántos cuartos/baños hay?
¿Es muy grande?
¿Hay jardín?
¿Qué lugar de la casa te gusta más?

b Ahora compara las respuestas de tus compañeros/as y escribe frases.

➡ C14

2 ¿Qué tienes en tu habitación?

Vas a aprender a...
- ✓ hacer preguntas a las personas sobre lo que hay / tienen en su habitación
- ✓ decir lo que hay / tienes y lo que no hay / no tienes en tu habitación
- ✓ hacer y contestar a preguntas sobre dónde están las cosas
- ✓ describir tus cosas

MUEBLES PARA LA HABITACIÓN JUVENIL

- un escritorio
- un armario
- una mesita
- una cama
- un cojín
- una silla
- un radiocasete
- un ordenador
- una estantería
- un sillón
- un póster
- una lámpara
- una mesa
- una alfombra

1a 📖 Completa las etiquetas con los nombres de los muebles.

b 🎧 Escucha a Rosario, Javier y Virgi. Anota lo que tiene cada persona en su habitación.
Ejemplo: Rosario — A, I, J, ...

c ¿Qué es lo que no tiene cada persona? Escribe una lista.
Ejemplo: Rosario — ordenador, cojín, ...

2 Por turnos con tu compañero/a pregunta y contesta.

A: ¿Tienes una cama en tu habitación?
B: Sí, tengo una cama.
A: ¿Dónde está?
B: Está debajo de la ventana, junto a la puerta.
A: ¿Tienes un ordenador?
B: No, no tengo ordenador.

ADELANTE ➡
Escribe unas frases para cada persona.
Ejemplo: En su habitación Rosario tiene ... y ... pero no tiene ... ni ...
Hay ... pero no hay ...

👁
📖
debajo de la/del   encima de la/del
junto a la/al   sobre

28 veintiocho

Casas y viviendas Paso 2

3a 🎧 Lee y escucha las instrucciones.

> Pon ...
> **este** cojín debajo de la ventana.
> **esta** mesita junto a la cama.
> **ese** ordenador encima del escritorio.
> **esa** silla delante de la mesa.
> **aquel** sofá sobre **aquella** alfombra.

b Tapa las instrucciones. Escucha otra vez y señala los muebles mencionados. ¿Qué significan *este/esta, ese/esa* y *aquel/aquella*?

ORIÉNTATE   p. 58

Los adjetivos demostrativos

	m.	f.
s.	este, ese, aquel	esta, esa, aquella
pl.	estos, esos, aquellos	estas, esas, aquellas

4 Mira el dibujo de arriba. Copia y completa.
1. ___ cojín está junto a la mesita.
2. ___ alfombra está entre la cama y el armario.
3. ___ ordenador está encima del escritorio.
4. ___ cama está detrás de la mesa.
5. ___ lámparas están encima de la mesita.
6. ___ silla está delante del sillón.

¿Te ayudo?

¿Qué tienes en tu habitación? ¿Dónde está?
¿Tienes ...? ¿Cómo es?
¿Hay ...? ¿De qué color es?

5a Di dónde están los muebles.

b Los muebles no están en su sitio correcto. Reorganízalos. Da las instrucciones.
Ejemplo:
Pon este escritorio debajo de la ventana.
Pon ese ordenador encima de la mesa.

6a A ti te toca. Haz un diálogo con tu compañero/a. Practica el uso de las preposiciones.

b Escribe una descripción de tu habitación.

C14

2 ¿Qué tienes que hacer?

Vas a aprender a…
✓ hacer y contestar a preguntas sobre qué tienes que hacer en tu casa (obligaciones)
✓ hacer preguntas sobre qué tienen que hacer en su casa otras personas

1a 🎧 Escucha e identifica.

ORIÉNTATE

Construcciones con el infinitivo

¿Te acuerdas de las construcciones con el verbo *gustar* + infinitivo?
Me gusta jug**ar** al tenis.
¿Y con el verbo *querer* + infinitivo?
Quiero s**er** futbolista profesional.
Hay construcciones con el verbo *tener que* + infinitivo que expresan una obligación. Mira el recuadro.

tener que + *infinitivo*

tengo	tenemos		pas**ar**
tienes	tenéis	que	recog**er**
tiene	tienen		escrib**ir**

b Mira los dibujos. Por turnos con tu compañero/a pregunta y contesta.
  A: ¿Qué tienes que hacer en casa?
  B: Pues yo tengo que …

c Escucha otra vez y anota lo que tienen que hacer Roberto y Arantxa.

Roberto	Arantxa
sacar la basura	pasar la aspiradora

d Explica lo que tienen que hacer Roberto y Arantxa. Forma frases.
  Ejemplo: Roberto tiene que sacar la basura …
  Arantxa tiene que pasar la aspiradora …

Tengo que …
A hacer las compras
B poner la mesa
C quitar el polvo
D pasar la aspiradora
E recoger los libros
F pasear el perro
G sacar la basura
H fregar los platos
I limpiar el coche
J hacer la cama

Casas y viviendas Paso 2

2 **A ti te toca.** ¿Qué tienes que hacer cada semana? Escribe frases.
Ejemplo:
Todos los días tengo que ...
El lunes ...

• • **Palabras claves** • •

- siempre
- todos los días
- dos veces a la semana
- cada semana
- a veces
- nunca

3a Mira el dibujo. Imagina que eres Roberto o Arantxa. Por turnos con tu compañero/a di lo que estás haciendo.

> Estoy quitando el polvo.

> Estamos recogiendo los libros.

b Mira el dibujo otra vez durante dos minutos. Ahora cierra el libro y escribe una lista de lo que está haciendo Roberto o Arantxa.
Ejemplo: Roberto está fregando ...

_____
_____

4a Mira el gráfico.

b 🎧 Escucha a Mirén. Comprueba si lo que dice es verdadero (✓) o falso (✗).
Ejemplo: 1 (**Siempre** recojo mis libros) ✗

5 A ti te toca. Por turnos con tu compañero/a.
A: ¿Tocas la guitarra en tu habitación?
B: No, no toco la guitarra en mi habitación.

OJO

Mira el recuadro de la página 61 para acordarte de los verbos con cambio de raíz.

dormir: cambio de *o > ue*

d**ue**rmo   d**ue**rmes   d**ue**rme
dormimos   dormís   d**ue**rmen

A: ¿Escuchas la radio en tu habitación?
B: Sí, a veces escucho la radio.

6 Por turnos con tu compañero/a pregunta y contesta:

¿Te gusta dormir? ¿Dónde duermes? ¿Cuántas horas duermes normalmente? ¿Duermes mucho o poco? ¿Estás durmiendo ahora?

	nunca	casi nunca	a veces	a menudo	siempre
Duermo		en la silla	en el sillón		en la cama
Escucho	la radio		el Walkman	los compacts	
Juego		con el ordenador	los videojuegos		
Toco	la guitarra	el piano		la batería	
Leo	libros	el periódico		revistas	tebeos
Veo		la tele		películas de vídeo	
Hago			los deberes	la cama	
Como	golosinas	chocolates	bombones		
Recojo		mis cosas	mis libros		

C16

2 ADELANTE

1a 🎧 Escucha a seis jóvenes describiendo donde viven. Copia y completa la brújula.

b Escucha otra vez. Busca y señala las ciudades en el mapa de América Latina.

c ¿Les gusta vivir allí? ¿Por qué? Escribe.

¿Te ayudo?
- noreste
- noroeste
- sureste
- suroeste

2a Copia y completa las frases con **es** (del verbo **ser**) o **está** (del verbo **estar**).

OJO

Si preguntas ¿Qué es? o ¿Cómo es? tienes que usar el verbo **ser**.
Si preguntas ¿Dónde está? o ¿Cómo está? tienes que usar el verbo **estar**.

1 Bilbao ___ en el norte de España y ___ muy bonito.
2 Sevilla ___ la capital de Andalucía y ___ en el sur de España.
3 Cuzco ___ una ciudad muy antigua y ___ a 3.500 metros en los Andes peruanos.
4 La Paz ___ la capital más alta del mundo y ___ en Bolivia.
5 Mi apartamento ___ en el tercer piso y ___ muy moderno.
6 El cuarto de baño ___ verde y ___ al lado de mi habitación.
7 El sótano ___ debajo de la cocina y ___ muy pequeño.
8 La azotea ___ muy bonita y ___ encima de la casa.

b 🎧 Escucha y verifica tus respuestas. Corrige las respuestas incorrectas.

3 Por turnos con tu compañero/a juega con un mapa.

A: ¿Dónde está Madrid?
B: Está en el centro de España.
A: ¿Cómo es?
B: Es la capital. Es moderna/antigua/grande/bonita/interesante.

Casas y viviendas Paso 2

4a Lee el folleto sobre Bilbao.

Bilbao

Bilbao – Bilbo en euskera – es la ciudad más grande de la región autónoma del País Vasco – Euskadi – pero no es la capital. La capital se llama Vitoria y está a 50 kilómetros al sur de Bilbao. Bilbao es una ciudad industrial, comercial y marinera. Está situada junto al río Nervión, a orillas del Océano Atlántico. Tiene un puerto grande – Santurtzi – de donde salen barcos para Southampton y Portsmouth en Inglaterra. También tiene metro y aeropuerto y es famosa hoy en día por el nuevo Museo de Arte Guggenheim.

Hay montes altos y valles en las afueras. Hacia el oeste están los Picos de Europa, las montañas más viejas de Europa. Hacia el este y no muy lejos está el pueblo antiguo de Guernica.

b Escribe un texto parecido sobre tu ciudad o barrio.

5a Di a tu compañero/a lo que tiene que hacer.
 Ejemplo: *Tienes que sacar la basura.*

b Ahora dale la orden.
 Ejemplo: *Saca la basura.*

c Escribe lo que está haciendo tu compañero/a.
 Ejemplo: *Está sacando la basura.*

6a ¿*Este, ese* o *aquel*? Escribe unas instrucciones.
 Ejemplo: *Pon esta cama en la habitación.*

b 🎧 Escucha y verifica.

c ¿Qué van a poner dónde? Escribe frases.

treinta y tres 33

2 Ponte a punto Frases

Vas a aprender un poco más…
- ✓ sobre cómo hacer más interesante lo que dices o escribes
- ✓ sobre cómo mejorar tus habilidades auditivas
- ✓ vocabulario

Cómo hacer más interesante lo que dices o escribes

Verás cómo hacer más interesante lo que dices o escribes en cuatro pasos fáciles.

1 Piensa en un tema o en un título.

mis animales   *mi pueblo*   *el deporte*

2 Di o escribe algunas frases simples.

¡Hola! Me llamo …
Tengo … años.
Tengo un perro.
Es viejo. Es feo.
Me gusta.
Se llama Luna.

3 Conecta las frases usando algunas de estas palabras:

y/e	pero	porque
que	para	o/u
por ejemplo	así que	cuando

Ejemplo: *¡Hola! Me llamo Roberto y tengo quince años. Tengo una perra que se llama Luna que es vieja y fea pero me gusta.*

4 Añade a tu texto lo siguiente:
- algunos adjetivos (los colores y otras características);
- preposiciones (para describir dónde están las cosas);
- adverbios (*siempre – a veces – normalmente*);
- otras palabras que califican (*bastante – muy – mucho – poco*).

1 Ahora intenta mejorar estas frases para que el texto sea más interesante.

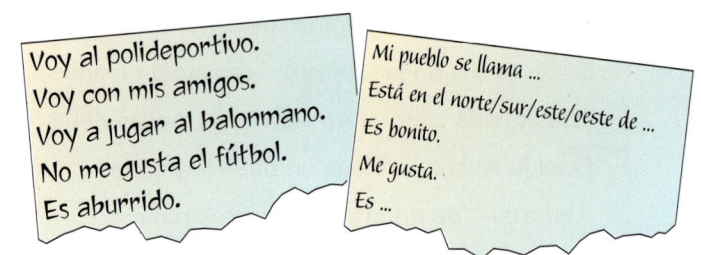

Voy al polideportivo.
Voy con mis amigos.
Voy a jugar al balonmano.
No me gusta el fútbol.
Es aburrido.

Mi pueblo se llama …
Está en el norte/sur/este/oeste de …
Es bonito.
Me gusta.
Es …

Ahora lee el texto de Bilbao en la página 33 una vez más. Anota:
- las palabras que conectan frases
- los adjetivos
- los adverbios
- las preposiciones
- y otras palabras que modifican o añaden interés a una frase

Mira el texto y las palabras que has buscado y ahora escribe sobre tu ciudad o tu barrio.

2 Escribe algunos encabezamientos claros e intenta hacer una presentación oral sobre tu ciudad o barrio.

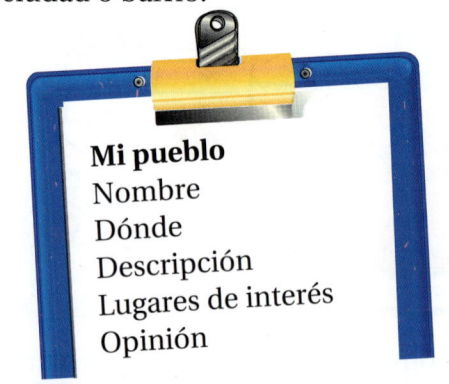

Mi pueblo
Nombre
Dónde
Descripción
Lugares de interés
Opinión

🆘 Si vas a escribir o contar una historia, tienes que usar algunas frases o palabras que marquen la secuencia del tiempo. Mira los ejemplos:

antes de + infinitivo	después de + infinitivo
luego después finalmente	

Casas y viviendas Paso 2

Vocabulario

este	en la costa
noreste	en las montañas
norte	en un pueblo
oeste	
sur	al lado de
suroeste	debajo de
	delante de
amplio/a	detrás de
antiguo/a	encima de
cómodo/a	enfrente de
moderno/a	entre
nuevo/a	junto a la
viejo/a	sobre
un apartamento	fregar los platos
una casa	hacer la cama
una finca	hacer las compras
una granja	limpiar el coche
	pasar la aspiradora
en las afueras	pasear al perro
en un barrio	planchar la ropa
en un pueblo	poner la mesa
en el campo	quitar el polvo
en el centro	recoger los libros
en la ciudad	sacar la basura

estar   hacer   todos los días   cada semana   nunca   dos veces a la semana   aquí   allí

Habilidades Auditivas

Inventa abreviaturas para algunas palabras para ayudarte a tomar notas cuando estés escuchando una grabación. Por ejemplo:
apartamento = apto.
avenida = avda.

3 Mira estas abreviaturas e intenta descubrir qué significan. Todas las abreviaturas son de cosas relacionadas con la casa.

bño. — jard. — terr. — coc. — tfno. — izq. — dorm. — com.

Inventa otras abreviaturas para los muebles de tu habitación, o para deportes, o para las cosas que a ti te gusta hacer.

▷ C17—18

Ampliando el vocabulario – redes de palabras

4 Mira el ejemplo.

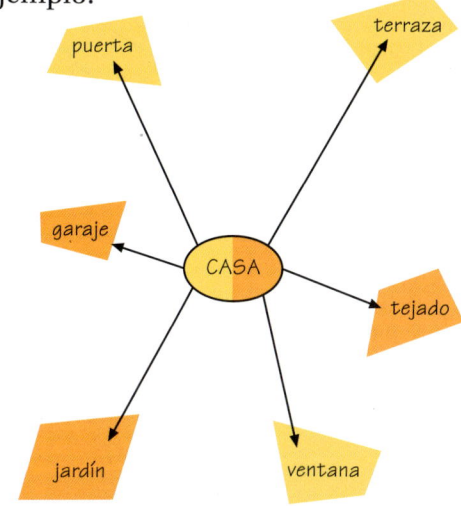

(CASA → puerta, terraza, garaje, tejado, jardín, ventana)

Ahora haz lo mismo con los *muebles* y con la *ciudad* donde vives.

2 ESPACIO LIBRE

La casa desordenada

Estribillo
La casa está en desorden
La casa está en desorden
La casa está en desorden
La tenemos que organizar

Estrofa 1
Pon esta mesa aquí — así
Pon estas sillas acá — asá
Pon ese cojín allí — así
Pon esos pósters allá — asá

1a Escucha la canción.

b Inventa otras estrofas.

El Feng Shui y tú

Deja entrar la luz, la armonía y el orden en tu vida — el 'chi' de la filosofía china. Mira los colores en tu cuarto. ¿Te gustan? ¿Qué hay en el cuarto? ¿Muchas cosas innecesarias, demasiada basura? ¿Qué tienes que hacer para cambiarlo?

Coloca los muebles paralelos a las paredes — crea simplicidad. Evita siempre los obstáculos. ¿Cuál es el mueble más importante — la cama en la habitación, el sofá en la sala? Todo lo demás se ubica en relación al mueble principal. El espejo es fundamental: da ilusión de profundidad y crea simetría, amplifica el 'chi' positivo y rechaza el 'cha', fuerza negativa. Las puertas y ventanas nunca deben estar cerca de las esquinas de un cuarto, pues el 'chi' se escapa.

NORTE TIERRA — fortuna y felicidad — iluminación — relaciones — OESTE VIENTO — gente mayor y crecimiento — creatividad — ESTE AGUA — reflexión y contemplación — viaje — amigos positivos que te ayudan — SUR TRUENO

2a Lee el texto.

b Haz una lista de los muebles que hay en tu habitación. ¿Son esenciales? Escribe una lista de lo esencial. Por turnos con tu compañero/a pregunta y contesta.
A: ¿Qué hay en tu habitación?
B: Hay una cama.
A: ¿Es algo esencial?
B: Yo creo que sí.

c Dibuja dos cuadros. En el cuadro 1 dibuja los muebles de tu habitación. En el cuadro 2 coloca los muebles según los principios del Feng Shui. Describe lo que hay en cada zona y cómo refleja tu personalidad.

Casas y viviendas Paso 2

Los Cocolocos

Tú, ¿qué tienes que hacer en casa, Javier?

¿Yo? Pues, tengo que limpiar mi cuarto...

Hago la cama ...

Paso la aspiradora ...

Tengo que quitar el polvo al escritorio, al armario, al espejo ...

Y por fin, recojo todo ...

... y lo pongo debajo de la cama.

A TI TE TOCA

Por turnos con tu compañero/a pregunta y contesta.

¿Dónde vives? ¿Cuál es tu dirección?	Vivo en ...
¿Cuál es tu número de teléfono?	Mi ...
¿Qué hay en tu casa?	En mi casa hay ... y ...
¿Cómo es tu casa?	Mi casa es ... y ...
¿Qué tienes en tu habitación?	En mi habitación tengo ... y ...
	No hay ...
¿Dónde está la cama?	La cama está ...
¿Qué tienes que hacer en casa?	Tengo que ... y ...
¿Qué haces normalmente?	Hago la cama y ...
¿Qué haces en tu cuarto?	...
¿Cuánto tiempo pasas haciéndolo?	Paso ...
¿Qué vas a tener que hacer para ayudar mañana?	Voy a tener que ...

C32

Repaso 2

Mira la sección *A ti te toca* página 37

1 ¿Dónde vives? Describe el barrio y la calle en que vives. ¿Vives en una casa o en un piso?

_____
_____
_____
_____
_____
_____
_____

2 Completa el recuadro.

	primer(o)/a
2	
3	
	cuarto/a
	quinto/a
6	
	séptimo/a
8	
9	
	décimo/a

3 Rellena los huecos con los verbos *ser* o *estar*.

A: ¿Dónde _____? (tú)
B: _____ (yo) en la cocina

A: ¿Quién _____? (tú)
B: _____ (yo) Carlos.

A: ¿Dónde _____ el baño?
B: _____ en la planta baja.

4 Describe tu casa contestando a las preguntas.

¿Cómo es tu casa?
_____
_____

¿Hay sótano?
_____
_____

¿Cuántos pisos hay?
_____
_____

¿Cuántos baños hay? ¿Dónde están?
_____
_____

¿Cómo es la cocina?
_____
_____

Y tu habitación, ¿cómo es?
_____
_____

¿Hay desván?
_____
_____

5 Completa las frases con la preposición correcta.

> a   en   de

¿_____ qué hora llegamos ___ casa?

¿_____ dónde vino?

No iremos _____ pie, iremos _____ tren.

_____ mí me gustan los perros negros.

¿Quién es el responsable _____ esta tienda?

Vivo _____ Madrid.

6 ¿Qué vas a hacer la semana que viene? Escribe tu agenda.

Lunes: _____
Martes: _____
Miércoles: _____
Jueves: _____
Viernes: _____
Sábado: _____
Domingo: _____

7 Rellena las casillas.

el	la	los	las
un		unos	
	esta		estas
ese			
		aquellos	

8 Escribe cuáles son tus obligaciones. Haz cinco frases usando la estructura "tengo que…"
_____
_____
_____
_____
_____
_____
_____
_____
_____
_____
_____
_____

3 ¿Adónde fuiste?

Vas a aprender a…
✓ hacer preguntas a las personas sobre adónde fueron
✓ decir adónde fuiste y por qué

1a 🎧 Escucha y anota el orden en que oyes las frases.

- Ayer fui a un club a escuchar jazz.
- El verano pasado fui de vacaciones a los Picos de Europa con el club de jóvenes.
- El lunes pasado fui al dentista.
- La semana pasada fui al cine a ver la nueva película de Brad Pitt.
- El fin de semana pasado fui a San Sebastián a visitar a mi padre.
- Anteayer fui al centro comercial a comprar unos vaqueros.
- Hace dos semanas fui a la fiesta de mi amigo.

b Busca una foto para cada frase.

ORIÉNTATE
▶ p. 62

El tiempo pretérito (pretérito indefinido)

Usamos el tiempo pretérito para hablar sobre lo que ocurrió en el pasado, o sea, hacer referencia a eventos o acciones que empezaron y terminaron en el pasado.

Mira el verbo *ir*.

ir
fui   fuiste   fue

2a Por turnos con tu compañero/a pregunta y contesta.

A: Foto **d**. ¿Adónde fuiste la semana pasada?
B: Fui a …

b ¿Adónde fue? Escribe una frase sobre cada foto.

Ejemplo: **d** — Ayer **fue** a un club a escuchar jazz.

Paseos y excursiones

Paseos y excursiones Paso 3

3a Copia y completa la línea con los días de la semana.

ADELANTE
Continúa la línea.

anteayer   ayer   hoy

la semana pasada	el lunes pasado
el fin de semana pasado	el verano pasado
hace dos semanas	hace un mes

esta tarde	pasado mañana
mañana	el próximo verano
la semana que viene	el mes que viene

Ahora usa las expresiones del recuadro e inventa otra línea.

b Por turnos con tu compañero/a pregunta y contesta.

A: ¿Adónde fuiste ayer/anteayer/…?
B: Fui al centro comercial.
A: ¿A qué?
B: A comprar unos vaqueros.
A: ¡Qué bien!

ADELANTE
¿Adónde vas a ir esta tarde/mañana/…?

■■■ **¿Te ayudo?** ■■■■■■■■■■■■■■■■

¡Qué interesante!   ¡Qué bien!
¡Qué aburrido!   ¡Qué viaje tan largo!
¡Qué raro!   ¡Qué divertido!
¡Qué tontería!

4a Lee el folleto.

VIAJES DE ARRIAGA

LUNES
SAN SEBASTIAN
visitas: playa de Ondarreta, Palacio Miramar

MARTES
PUEBLOS INTERIORES
visitas: Monasterio de la Oliva, Bodegas (degustación)

JUEVES
PAMPLONA VISITA
entrada Museo de Navarra incluida

VIERNES
BODEGAS DE HARO
entrada Bodegas de Haro incluida (degustación)

SÁBADO
EXCURSION COSTA VASCA
visitas: Lekeitio, Ondarroa, Getaria
entrada Museo del Pescador incluida

FRONTON, CLUB DEPORTIVO

b 🎧 Escucha y anota adónde fue Mari Luz.

lunes	
martes	
miércoles	

c ¿Mari Luz recuerda bien o no? Busca y corrige los errores en su diario.

C39

3 ¿Dónde te alojaste?

Vas a aprender a...
✓ hacer preguntas a las personas sobre cómo viajaron, dónde se alojaron y si lo pasaron bien
✓ decir cómo viajaste, dónde te alojaste y si lo pasaste bien

1a 🎧 Escucha y lee.

—¿Adónde fuiste de vacaciones en verano?
—Fui a Guatemala a visitar a mis primos.
—¿Cómo viajaste?
—Viajé en avión.
—¿Dónde te alojaste?
—Me alojé en casa de mis tíos, a las afueras de la ciudad de Guatemala.

b Practica el mismo diálogo con tu compañero/a.

2a 🎧 Escucha cinco diálogos y anota los datos.

¿Adónde fue?	¿Dónde se alojó?
1 ciudad de Guatemala	en casa de sus tíos

b Escucha otra vez y anota.

¿Cómo viajó?	¿Qué tal lo pasó?

¿Adónde fuiste?

Fui a ...
los Picos de Europa
San Sebastián
las Cuevas de Altamira
la ciudad de Guatemala
Bilbao

¿Dónde te alojaste?

Me alojé en ...
- un albergue juvenil
- un camping
- una pensión
- un hotel
- casa de ...

¿Cómo viajaste?

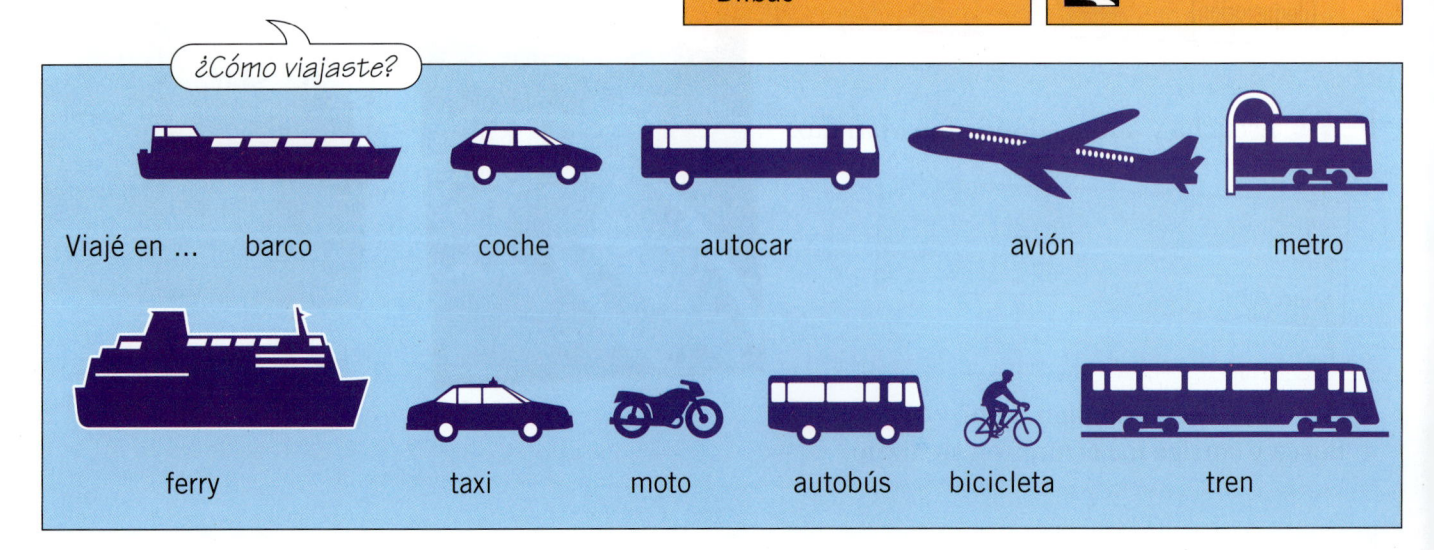

Viajé en ... barco, coche, autocar, avión, metro, ferry, taxi, moto, autobús, bicicleta, tren

42 cuarenta y dos

Paseos y excursiones Paso 3

3 Mira tus datos de la actividad **2** e inventa un diálogo con tu compañero/a.

- ¿Adónde fuiste?
- ¿Cómo viajaste?
- ¿Dónde te alojaste?
- ¿Qué tal lo pasaste?

4a Lee la carta de la señora de Vela.

> El fin de semana pasado lo pasé muy bien. Visité las cuevas de Altamira, cerca de Santander. Me alojé en una pensión muy bonita en Santillana del Mar. Es un pueblo antiguo, muy bonito, muy tranquilo. Viajé en tren hasta Santander y después en autobús. Llegué el viernes por la tarde, bastante cansada, así que cené en la pensión y me acosté temprano. El sábado me levanté a las siete y media, muy entusiasmada. Fui a la Plaza Mayor a tomar un taxi para ir a las Cuevas. Pasé unas horas muy interesantes allí – visité el pequeño museo y compré unas postales y unos recuerdos.

b Vas a entrevistar a la señora de Vela. Escribe tus preguntas.

- ¿Qué tal lo pasó usted?
- ¿Qué ...?
- ¿Cómo ...?
- ¿Cuándo ...?
- ¿A qué hora ...?
- ¿Adónde ...?
- ¿Qué día ...?

OJO

llegar   llegué   llegaste   llegó

¿Qué ocurriría con el sonido si no se pusiera una *u* después de la *g* en *llegué*?

c Por turnos con tu compañero/a toma el papel de la señora de Vela y entrevístala. Anota las respuestas.

ORIÉNTATE
p. 62-63

El pretérito indefinido de los verbos de la 1ª conjugación (–AR)

viajAR	alojARse
viajé	me alojé
viajaste	te alojaste
viajó	se alojó

Alojarse es un verbo **reflexivo**. Sigue el modelo de conjugación de los verbos terminados en –AR. No te olvides de poner siempre el pronombre reflexivo antes del verbo conjugado.

ADELANTE

Escribe el diálogo.

5 A ti te toca. Escribe un párrafo sobre el fin de semana pasado o un viaje reciente.

- ¿Adónde fuiste?
- ¿Visitaste algún sitio?
- ¿Cómo viajaste?
- ¿Qué tal lo pasaste?
- ¿Qué compraste?

C19

3 ¿Qué hiciste?

Vas a aprender a...
✓ hacer preguntas a las personas sobre qué hicieron
✓ hablar acerca de lo que hiciste tú y lo que hicieron otras personas

1 Escucha y empareja el dibujo con una frase adecuada.

○ ¿Qué comiste?
Comí un pescado delicioso.
○ ¿Qué bebiste?
Bebí sidra local.
○ ¿A qué hora saliste?
Salí temprano a las siete y media.
○ ¿Cómo volviste?
Volví en taxi.
○ ¿Qué viste?
Vi la escultura famosa de Eduardo Chillida.

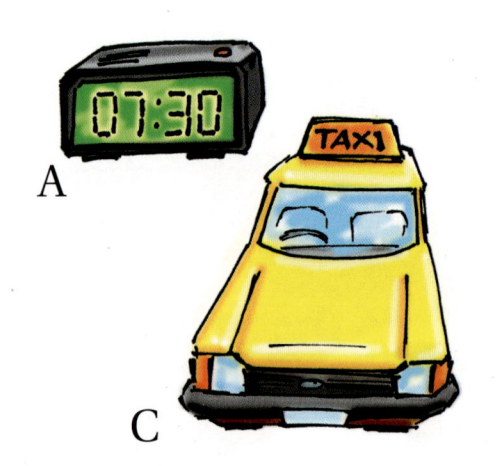

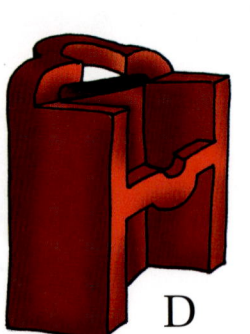

A B C D E

ORIÉNTATE   p. 62-63

El pretérito indefinido de las 2ª (–ER) y 3ª (–IR) conjugaciones

	comER	salIR
(yo)	comí	salí
(tú)	comiste	saliste
(él/ella/usted)	comió	salió

Compara las terminaciones de los verbos de las 2ª y 3ª conjugaciones con los de la 1ª. Mira la página 62.

2a Copia y completa estas preguntas.
Ejemplo: ¿Qué (beber)? ¿Qué bebiste?
1 ¿Qué monumentos (ver)?
2 ¿A qué hora (salir) a la discoteca?
3 ¿A qué hora (volver) al albergue?
4 ¿(Escribir) unas postales?
5 ¿Qué (comer) en el restaurante?

b Borja habla de una visita a San Sebastián. Anota sus respuestas a las preguntas de **2a**.

Paseos y excursiones Paso 3

3a Mira los verbos. Adivina y escribe los infinitivos.

b 📖 Verifica en tu diccionario los verbos que no conoces.

salí	hablé	volví	bebí	pasé
compré	me alojé	fui	vi	visité
viajé	encontré	comí		

c Copia y completa la historia de Borja con los verbos adecuados.

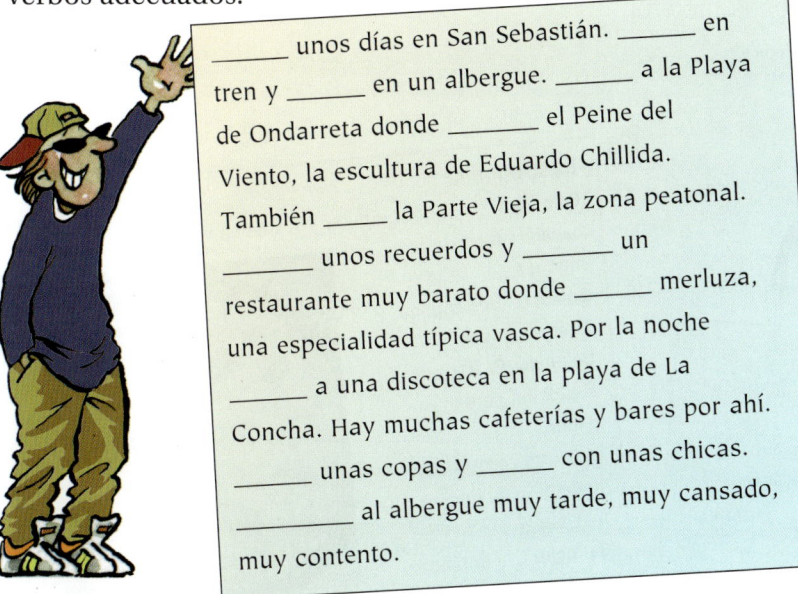

_____ unos días en San Sebastián. _____ en tren y _____ en un albergue. _____ a la Playa de Ondarreta donde _____ el Peine del Viento, la escultura de Eduardo Chillida. También _____ la Parte Vieja, la zona peatonal. _____ unos recuerdos y _____ un restaurante muy barato donde _____ merluza, una especialidad típica vasca. Por la noche _____ a una discoteca en la playa de La Concha. Hay muchas cafeterías y bares por ahí. _____ unas copas y _____ con unas chicas. _____ al albergue muy tarde, muy cansado, muy contento.

d 🎧 Escucha y verifica.

ORIÉNTATE
p. 61

Los verbos irregulares en el pretérito indefinido

Has visto algunos verbos irregulares en presente del indicativo.
Has visto el verbo *ir*, que también es irregular. Ahora, fíjate con atención en los ejemplos a continuación.

hacer	**estar**	**ver**	**tener**
hice	estuve	vi	tuve
hiciste	estuviste	viste	tuviste
hizo	estuvo	vio	tuvo

Fíjate en que los verbos conjugados en el recuadro no llevan acento y cambian de acuerdo con la persona que realiza la acción, y por eso no es obligatorio el uso del pronombre sujeto antes del verbo.

4 Completa las preguntas.

¿Qué _____ (hacer) en Bilbao? ¿Cuánto tiempo _____ (estar) allí?
¿Qué tiempo _____ (hacer)? ¿Qué monumentos _____ (ver)?
¿A qué hora _____ (tener que) volver al albergue?

5 Tu compañero/a va a visitar Bilbao. Haz las mismas preguntas en el futuro inmediato.

➡ C20—21

cuarenta y cinco 45

3 ¡Saludos desde Bilbao!

Vas a aprender a...
- decir lo que hiciste en grupo
- hacer preguntas a otras personas sobre qué hicieron en grupo
- hablar sobre lo que las otras personas hicieron

DEIA

Calendario
Del 3 al 11 de abril Procesiones de Semana Santa — cada día por todo Bilbao.
12 de abril: Gran Premio Primavera de Ciclismo Profesional — élite mundial. Comienzo: 08:45h.
31 de mayo: El Athletic Club y la selección de Brasil — partido amistoso.
14 de junio: Final del 29 Torneo Interpueblos de Bizkaia de Pelota a Mano. Comienzo: 11:00h.
18 de junio: Concierto de los Rolling Stones en el campo de San Mamés.

Noche
La Boheme: Pza de Arriquibar, 5. Canta Karaoke.
Caché Latina: C/ Ripa, 3. Para bailar a ritmos latinos.
Bristol: Plaza Venezuela, 1. Cócteles. Bar cibernético.
Arábicas: C/ Rodríguez Arias, 4. Los mejores cafés del mundo.

A ver
Basílica de Begoña. Iglesia del siglo XVI que domina Bilbao. Hay ascensor o se llega a pie.
Teatro Arriaga. De estilo neoclásico, este magnífico edificio celebra una cultura variada.
Monte Artxanda, espacio verde para toda la familia. Juegos infantiles, restaurantes, la mejor vista de Bilbao.

Gastronomía
Bola-Viga: C/ Enrique Eguren, 4. Cocina vasca tradicional: bacalao, rabo de buey y merluza.
Gaiko: C/ Bertendona, 2. Menús rápidos.
Colorado: C/ Barrenkale, 5. Cocina peruana criolla.
El Charro Loco: Alda. Recalde, 11. Cocina mexicana.
Garibolo: C/ Fernández. Comida vegetariana.

Museos
Taurino de Bilbao: Historia de la Tauromaquia de Bizkaia. De 10:00 a 13:00, y de 16:00 a 18:00 horas, de lunes a viernes.
Guggenheim: Arte moderno y contemporáneo. Martes a domingo, de 11:00 a 20:00 horas.
Arqueológico, Etnográfico e Histórico Vasco: De martes a sábado, de 10:30 a 13:30 y de 16:00 a 19:00. Domingos de 10:30 a 13:30.
Bellas Artes: Fundado en 1908, contiene también el Museo de Arte Moderno. De martes a sábado, de 10:00 a 13:30 y de 16:00 a 19:30. Domingos de 10:00 a 14:00.

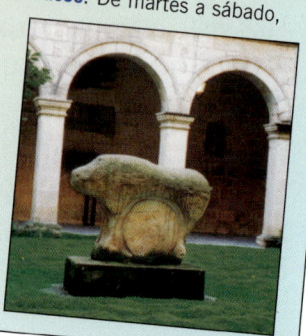

1a Empareja cada dibujo con el texto adecuado.
Ejemplo: 1 Taurino de Bilbao

b Haz más ejemplos para tu compañero/a.

Paseos y excursiones Paso 3

2a 🎧 Gil y Raquel fueron a Bilbao. Escucha una entrevista con ellos y anota las preguntas.

¿Adónde fuisteis?
¿Qué hicisteis?

Vimos ...
Visitamos ...
Comimos ...
Escuchamos ...
Decidimos ...
Fuimos ...
Bailamos ...
Bebimos ...

b Escucha otra vez y busca los sitios mencionados en el folleto.

c Mira el bocadillo y completa las respuestas de Gil y Raquel.

d ¿Adónde fueron? ¿Cuándo?
Escucha otra vez y completa su itinerario.

	mañana	tarde	noche
viernes	(viaje)		
sábado			
domingo			

ADELANTE ➡ Escribe frases completas.

ORIÉNTATE

Las personas del plural en el pretérito indefinido

viajAR	comER	salIR
viajamos	comimos	salimos
viajasteis	comisteis	salisteis
viajaron	comieron	salieron

ir	hacer	estar	ver
fuimos	hicimos	estuvimos	vimos
fuisteis	hicisteis	estuvisteis	visteis
fueron	hicieron	estuvieron	vieron

Mira el recuadro y pon los pronombres antes de los verbos conjugados.

ellos/ellas/ustedes   nosotros/as   vosotros/as

3 Busca los ejemplos en el texto de **2a** y escríbelos en el infinitivo.

4a Vas a pasar el próximo fin de semana en Bilbao con un grupo de tu colegio. Discutid en grupo y decidid qué vais a hacer. Escribe vuestro itinerario.

¿Cómo vais a viajar? ¿Qué vais a hacer?
¿Qué sitios vais a visitar?
¿Qué vais a comer y beber, y dónde?

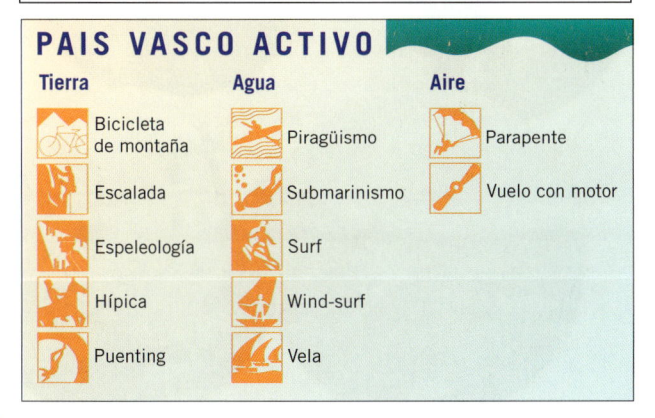

PAIS VASCO ACTIVO

Tierra	Agua	Aire
Bicicleta de montaña	Piragüismo	Parapente
Escalada	Submarinismo	Vuelo con motor
Espeleología	Surf	
Hípica	Wind-surf	
Puenting	Vela	

A: Vamos a ...
B: Sí, de acuerdo.
C: No, yo prefiero/quiero ...

b Imagina que fuisteis a Bilbao.
En grupo escribid una encuesta para otro grupo sobre su visita.
¿Cuántas preguntas podéis inventar?
Ejemplo: ¿Qué tiempo hizo?
¿Qué tal lo pasasteis?

c Inventa el fin de semana de otro grupo.
Ejemplo: Fueron .../Comieron .../Bebieron...

➡ C23

3 ADELANTE

1a Un estudiante va a entrevistar a Belén para la revista del colegio.
Lee su lista de preguntas.

> 1 ¿Adónde fuiste de vacaciones?
> 2 ¿Con quién fuiste?
> 3 ¿En qué época del año fuiste?
> 4 ¿Cómo viajaste?
> 5 ¿Dónde te alojaste?
> 6 ¿Qué hiciste interesante?
> 7 ¿Qué viste?
> 8 ¿Visitaste algo interesante?
> 9 ¿Qué compraste?
> 10 ¿Qué comiste diferente?
> 11 ¿Qué tiempo hizo?
> 12 ¿Cuánto tiempo estuviste allí?
> 13 ¿Qué tal lo pasaste?

c Belén describe su estancia en Guatemala. Escucha y anota el orden correcto de las fotos.

d Escucha otra vez y escribe una frase para cada foto.
Ejemplo: A — *Belén se alojó en casa de sus primos en Guatemala.*

e Mira las fotos y el texto.
Por turnos con tu compañero/a inventa otras preguntas para hacerle a Belén.

ADELANTE

Investiga Guatemala en Internet o en la biblioteca. Da respuestas alternativas.

f Escribe un párrafo de un artículo para la revista del colegio.
Ejemplo: Este verano Belén fue a Guatemala ...

b Escoge una respuesta adecuada a cada pregunta.

☐ **A** Visité Antigua, la antigua Guatemala, a unos 45 km de la capital.
☐ **B** Me alojé en casa de mis tíos a las afueras de la ciudad.
☐ **C** Fui en invierno, en agosto.
☐ **D** Fui a Guatemala a visitar a mis primos.
☐ **E** Fui con mis padres.
☐ **F** Hizo mucho calor, pero llovió cada dos días.
☐ **G** Fui al Museo del Traje. ¡Qué interesante!
☐ **H** Vi las joyas mayas de jade en el Museo Nacional.
☐ **I** Viajé en avión y luego en taxi.
☐ **J** Compré una máscara fenomenal.
☐ **K** Estuve cuatro semanas, un mes.
☐ **L** Comí frijoles volteados. ¡Deliciosos!
☐ **M** ¡Fenomenal! Lo pasé muy bien. Es un país con una historia muy interesante. Me gustaría volver.

Paseos y excursiones Paso 3

2a Puri escribió esta postal el verano pasado. Lee la postal y contesta a las preguntas de abajo.

¡Saludos desde Bilbao!
Nos divertimos mucho en esta ciudad tan grande e interesante. Hace sol y estamos tomando una Coca-Cola en la terraza de nuestro hotel. Hay mucho para ver y hacer. Hay varios museos y el Casco Viejo con bares, restaurantes y tiendas.
Ayer fuimos también al teatro donde vimos danza moderna. La semana pasada fuimos a Vitoria en autobús. Visitamos las catedrales y el mercado. Yo comí un helado enorme. Paco compró una gorra de béisbol – ¡qué pinta tiene!
Esta mañana vimos unos cuadros increíbles en el Museo Guggenheim y luego comimos en la cafetería.
Hasta pronto. Puri

1 ¿Dónde se alojaron en Bilbao?
2 ¿Qué vieron en el teatro?
3 ¿Qué comió Puri en el mercado?
4 ¿Qué compró Paco?
5 ¿Cómo viajaron a Vitoria?
6 ¿Qué visitaron en Vitoria?
7 ¿Qué más hicieron?

_____
_____
_____
_____

b Mira los recuerdos e imagina: ¿Adónde fuiste? ¿Qué visitaste? Describe tu excursión a tu compañero/a.

c Escribe una postal sobre un viaje que hiciste.

cuarenta y nueve 49

3 Ponte a punto Tiempos verbales (2)

Vas a aprender un poco más…
- ✓ sobre los tiempos verbales
- ✓ a buscar los verbos en el diccionario

Hasta ahora has visto muchos verbos y expresiones temporales respecto al presente del indicativo, gerundio y también al futuro inmediato. Ahora puedes añadir el tiempo pretérito en tu línea del tiempo.

Para todos los verbos piensa:

INFINITIVO ➡ TIEMPO VERBAL ➡ TIPO / MODELO

Necesitas practicar todos los tiempos verbales de los verbos que has estudiado hasta ahora. Tienes que reconocer el infinitivo para que puedas buscarlo en el diccionario o en una lista de verbos.

PASADO ➡ PRESENTE ➡ FUTURO

Inventa tu propia línea del tiempo. Aquí tienes algunas ideas:

Aprende algunos indicadores de tiempo que te ayudarán a reconocer el contexto del tiempo verbal.

pasado	**presente**	**futuro**
ayer	hoy	mañana
el lunes pasado	hoy lunes	el próximo lunes (mañana martes)
la semana pasada	esta semana	la próxima semana
hace dos semanas	normalmente	el fin de semana que viene

¿Adónde fuiste? — Fui

¿Adónde vas? — Voy

¿Adónde vas a ir? — Voy a ir   a/a la/al/a los/a las …

¿Cómo viajaste? — Viajé en …

¿Cómo viajas? — Viajo en …

¿Cómo vas a viajar? — Voy a viajar en …

1 Escribe algunas expressiones que vayan con los verbos a continuación:
comer   salir   hacer

Usa diferentes partículas interrogativas: *¿dónde? ¿qué? ¿a qué hora?*

2 Juega en grupos de seis personas a un juego de consecuencias.

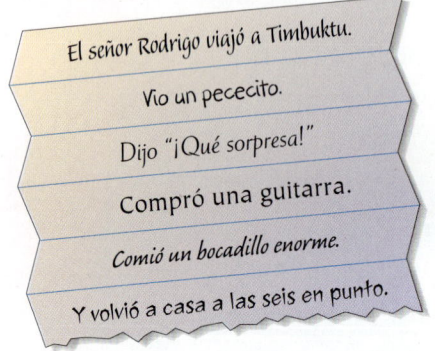

El señor Rodrigo viajó a Timbuktu.
Vio un pececito.
Dijo "¡Qué sorpresa!"
Compró una guitarra.
Comió un bocadillo enorme.
Y volvió a casa a las seis en punto.

Mi hermana mayor fue al mercado.
Vio un gato negro con cinco patas.
Dijo "Hola, guapo".
Compró una corbata azul.
Comió su mochila.
Y volvió a casa en autobús.

Paseos y excursiones Paso 3

Vocabulario

anoche	el viernes	en barco
anteayer	el sábado	en bicicleta (bici)
ayer	el domingo	en coche
hace dos semanas		en ferry
hace un mes	un albergue juvenil	en metro
la semana pasada	un camping	en moto
mañana	en casa de	en navío
	un hotel	en taxi
el lunes	una pensión	en tren
el martes	en autobús	alojarse
el miércoles	en autocar	ir
el jueves	en avión	viajar

¿ cómo   cuál   cuáles   cuándo   cuánto/a/os/as   dónde   adónde   quién   qué   por qué ?

Buscar los verbos en el diccionario

A veces no encuentras una palabra cuando la buscas en el diccionario. En esos casos, puede ser un verbo. Mira las tres reglas que puedes seguir para encontrar un verbo en el diccionario.

1 La primera pregunta que tienes que hacer es ¿de qué tiempo verbal se trata? ¿Es el texto acerca del presente, el pasado o el futuro?

> escribo   estoy escribiendo
> voy a escribir   escribí

2 La segunda pregunta que tienes que hacer es ¿qué persona realiza la acción del verbo?

yo, tú, él, ella, usted, nosotros, vosotros, ellos, ellas o *ustedes*?

> jugué   juega   estás jugando
> vais a jugar

3 La tercera y última pregunta que tienes que hacer es ¿qué tipo de verbo es?

¿Es un verbo regular de la 1ª, 2ª o 3ª conjugación?
¿Es un verbo reflexivo?
¿Cambia la ortografía?
¿Es un verbo irregular como *ser, tener, ir, hacer* o *estar*?

Ahora busca el infinitivo. Intenta hacerlo con los verbos a continuación.

> tengo   fue   estoy leyendo
> hacemos   estás

➡ C25—26

3 ESPACIO LIBRE

Juega con tu compañero/a o en grupo de cuatro. Anota tu ruta.
Ejemplo: (2) Correos, (8) Plaza de toros, ...

PENSIÓN
41 ¿Qué tal tu paseo? ¿Qué hiciste? ¿Qué compraste? ¿Qué tiempo hizo?
FIN 28
40 Ves una película malísima. Baja por el tobogán.
39
38 Restaurante
37 Hace frío. Regresa a la catedral.
29 Necesitas ir al baño. Regresa a los servicios.
30 Zoo
31 Quieres comprar un recuerdo. Regresa al mercado.
36
35 Ves un partido de fútbol en el estadio. Pierde dos turnos.
27 Coge el funicular.
24
23 Heladería
32 Quieres mandar una postal. Regresa a Correos.
33 Catedral
34
26 Está lloviendo. Tienes que sacar un seis para continuar.
25 Ayuntamiento
22 Tienes hambre. Regresa a la cafetería.
21 Mercado
20 MUSEO CERRADO Regresa a la Oficina de Turismo.
19 Piscina
7 SEÑORAS SEÑORES Baños públicos
8 Plaza de toros
9 Cafetería
10 Siéntate en el parque. Pierde un turno.
17 Quieres un helado. Ve a la heladería.
18
6 Encuentras a un(a) amigo/a. Tira otra vez.
5
4 Quieres un plano. Ve a la Oficina de Turismo.
11 Universidad
16
15 Coge el Metro.
PENSIÓN SALIDA
2 Correos
3 Hace viento. Adelanta dos pasos.
12 Hace sol. Ve a la piscina.
13
14 Museo de Bellas Artes
1

52 cincuenta y dos

Paseos y excursiones Paso 3

Los Cocolocos
El lunes

- ¡Hola, Nati!
- ¡Hola, Javi! ¿Qué tal el fin de semana?
- Bien. Hice los deberes ...
- Sí, yo también.
- Escuché música ...
- Yo también.
- Fui al centro comercial ...
- Nati también.
- .... y me corté el pelo.
- ¡Caray! ¿Es él?

A TI TE TOCA

Por turnos con tu compañero/a pregunta y contesta.

¿Adónde fuiste el verano pasado?	El verano pasado ...
¿Cómo viajaste?	Viajé ...
¿Dónde te alojaste?	Me alojé ...
¿Qué tal lo pasaste?	Lo pasé ...
¿Qué monumentos visitaste?	Visité ...
¿Qué viste?	Vi ...
¿Qué compraste?	Compré ...
¿Adónde fue tu amigo/a?	Fue ...
¿Qué visitó?	Visitó ...
¿Adónde fuisteis tú y tus amigos el fin de semana pasado?	Fuimos ...
¿Qué hicisteis?	...
¿Qué comisteis?	Comimos ...

Repaso 3

Mira la sección *A ti te toca* página 53

1a Mira la infografía.

b Di si es verdadero (✓) o falso (✗) o si no se sabe (?).
- ☐ 1 Roberto fue al cine el viernes.
- ☐ 2 Mirén fue a visitar a su abuela el sábado.
- ☐ 3 A Belén le gustó el programa de la tele.
- ☐ 4 A Josu y Arantxa les gustó la disco el sábado por la noche.
- ☐ 5 Belén hizo escalada el domingo.
- ☐ 6 Mirén fue a la playa el domingo.
- ☐ 7 Roberto jugó al tenis el viernes.
- ☐ 8 Josu y Arantxa fueron de compras el viernes por la tarde.

c Corrige las frases falsas.

d Por turnos con tu compañero/a pregunta y contesta.

A: ¿Belén fue al cine el sábado?
B: No. Fue al cine el viernes.
A: ¿Quién jugó al tenis el domingo?
B: Josu y Arantxa jugaron al tenis.
A: ¿A Mirén le gustó la playa el domingo?
B: Sí, le gustó.

e Escribe algunas frases sobre cada persona.

f Ahora imagina que estos son sus planes para la semana que viene. ¿Qué van a hacer?

Ejemplo: El viernes, Belén va a ir al cine ...

Repaso Paso 3

2a Lee.

¡Hola! Esto es un plano de mi apartamento. Es muy cómodo y moderno, pero los muebles son antiguos. La sala es pequeña y bonita y el comedor es amplio. Tiene un balcón con flores. Delante del edificio hay una terraza y el patio está detrás de la cocina. Tenemos dos baños: uno pequeño al lado del comedor y otro entre la habitación principal y la habitación de mi hermano. Mi habitación está enfrente y es muy pequeña pero me gusta mucho.

Roberto

b Identifica los cuartos en el plano.
Ejemplo: 1 = la sala

c ¿Dónde está …
1 la terraza?
2 el baño pequeño?
3 la cocina?
4 el comedor?

d 🎧 Escucha. La abuela de Roberto describe el apartamento, pero comete unos errores. Corrígelos.

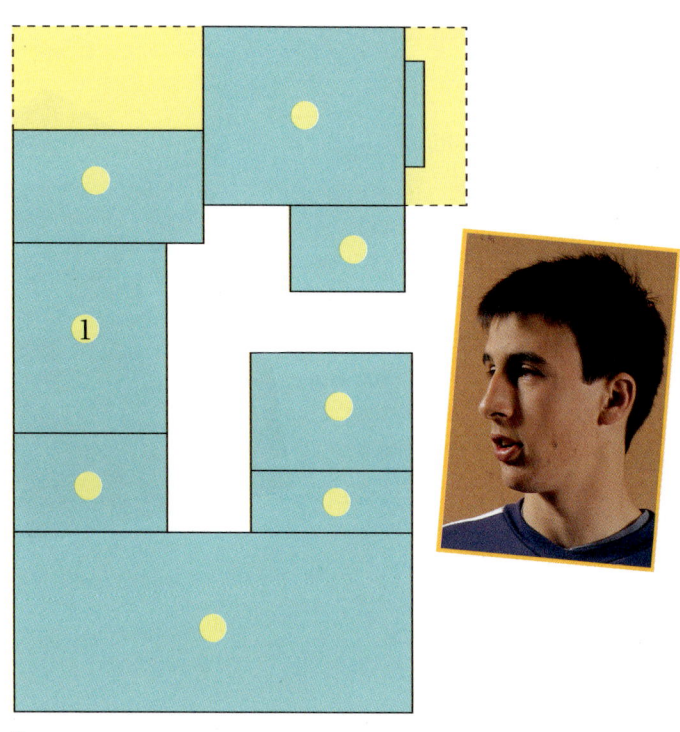

3a Mira los dibujos. ¿Cuántas diferencias ves? Trabaja con tu compañero/a.

A: En el primer dibujo la cama está detrás de la puerta.
B: En el segundo dibujo la cama está debajo de la ventana.

b Escribe una descripción de uno de los dibujos.

cincuenta y cinco 55

INVESTIGACIÓN

Antoni Gaudí i Cornet 
Nace en 1852 en Reus, Cataluña, y muere trágicamente en 1924, atropellado por un tranvía, pobre y desconocido a la edad de 74 años. Sus padres son forjadores — trabajan con hierro — y Gaudí usa el hierro en concreto para construir edificios, parques y monumentos con formas raras y estrafalarias. Su estilo se llama **Neobarroco**. Tiene una originalidad incomparable aun hoy en día.

A
Investiga
- Busca en Internet informes sobre Ricardo Bofill y Efraín Recinos.
- Escribe dos textos cortos parecidos. Apunta sus fechas importantes y describe su estilo.
- Investiga y escribe otro texto corto sobre una casa grande en tu barrio.

LOS MAYAS

Los Mayas llegaron a la región que hoy se llama Guatemala en el año 2600 a.C., más de tres mil años antes de la llegada de Cristóbal Colón a América. Su civilización fue muy avanzada y construyeron magníficos templos y monumentos. Inventaron un sistema de escritura basada en jeroglíficos que ya no entendemos. También inventaron un calendario que hoy usa la Nasa porque es más preciso que el calendario gregoriano que usamos nosotros. El fin del imperio maya data del año 900 d.C. y las causas de su desaparición son un enigma de la historia de la humanidad.

B
- Investiga la civilización de los
  Aztecas
  Incas
  Moros

- ¿Quiénes fueron?
  Moctezuma
  Atahualpa
  Abd al-Rahman I

- Escoge una sociedad y presenta tus investigaciones de forma escrita.

56 cincuenta y seis

Este es un resumen de las principales cuestiones gramaticales que has visto en Hablemos 2.

1. Los adjetivos
2. Los pronombres
3. Las preposiciones
4. Los verbos
5. Los números ordinales

1 Los adjetivos

1.1 Los adjetivos demostrativos

Los adjetivos demostrativos se usan para mostrar una cosa o una persona en el tiempo y en el espacio. Son palabras que cambian en género (femenino/masculino) y en número (singular/plural).

singular		plural	
masculino	femenino	masculino	femenino
este	esta	estos	estas
ese	esa	esos	esas
aquel	aquella	aquellos	aquellas

Las formas **esto** y **eso** se refieren a ideas generales o a cosas que no son conocidas.
¿Qué es esto?   ¡Eso es!
¿Eso es todo?

1.2 Los adjetivos comparativos

Los adjetivos comparativos se usan para comparar una cosa, persona o idea con otra.
Para hacer una comparación, tienes que usar las siguientes estructuras:

más…que   España es **más** grande **que** Guatemala.
menos…que   Hay **menos** gente en Guatemala **que** en España.

Excepciones:
bueno/a/os/as   mejor (sing.)/mejores (pl.)
malo/a/os/as   peor (sing.)/peores (pl.)

Mi libro es **mejor** que tu libro, pero mis revistas son **peores** que tus revistas.

Cuando **más** o **menos** es usado con un número, se usa **de** en vez de **que**:
En mi colegio hay **más de** mil estudiantes, pero en mi clase hay **menos de** treinta.

Para decir que algo es parecido o igual a otra cosa, puedes usar:

el/la mismo/a que
tan…como
tanto…como

1.3 Los adjetivos superlativos

Los adjetivos superlativos comparan una cosa, persona o idea con otras varias. Para usar los adjetivos superlativos:

Gramática

el	más …	(que)
la	menos …	(de)
los	mejor(es)	
las	peor(es)	

Este libro es **el más** interesante **que** he leído.
Las películas de terror son **las menos** divertidas (**de** todas).

Pero si el adjetivo superlativo viene inmediatamente detrás del sustantivo, se quita **el/la/los/las**:

Es el río más largo del mundo.

2 Los pronombres

2.1 Los pronombres de complemento directo

Los pronombres de complemento directo se usan para sustituir una persona u objeto directamente afectados por la acción del verbo.

me	nos
te	os
le	les
lo	los
la	las

2.2 La posición del pronombre

Los pronombres de complemento directo y los pronombres reflexivos (estudiados en Hablemos 1) se usan:

- inmediatamente antes del verbo
- después del infinitivo, formando una sola palabra
- después del gerundio, formando una sola palabra
- después del imperativo, formando una sola palabra

No la veo.
Voy a verla mañana.
Estoy mirándolo ahora.
Ponlo aquí.

Se llama Lucia.
Tengo que levantarme temprano.
Está bañándose.
Levántate enseguida.

2.3 Los pronombres demostrativos

Los pronombres demostrativos, como los adjetivos demostrativos, se usan para sustituir una cosa o una persona en el tiempo y en el espacio. Son palabras que cambian en género (femenino/masculino) y en número (singular/plural).

singular		plural	
masculino	femenino	masculino	femenino
éste	ésta	éstos	éstas
ése	ésa	ésos	ésas
aquél	aquélla	aquéllos	aquéllas

cincuenta y nueve 59

¿Qué camisa prefieres?
Yo prefiero el color de aquélla.
Creo que ésta es mucho más bonita que ésa.

Hoy en día muchas personas ya no escriben los pronombres demostrativos con el acento y la Real Academia Española ha aceptado que no es necesario. Verás que en los periódicos o en libros más antiguos todavía van con acento, porque las personas más mayores y los profesores siguen usándolo.

2.4 Los pronombres de complemento preposicional

Los pronombres de complemento preposicional se usan después de una preposición:

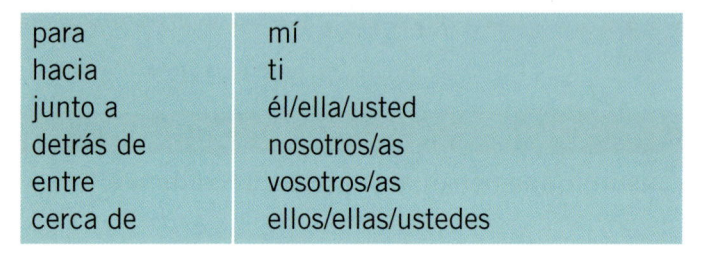

para	mí
hacia	ti
junto a	él/ella/usted
detrás de	nosotros/as
entre	vosotros/as
cerca de	ellos/ellas/ustedes

OJO

Mira las formas:
conmigo   contigo   consigo

2.5 Los pronombres relativos

Los pronombres relativos en general se refieren a algo mencionado anteriormente, que puede ser un sustantivo, un pronombre, un adjetivo, un adverbio o también una frase entera.

Ese es el vestido **que** me gusta.
Señala a la persona **que** habla.

3 Las preposiciones

Las preposiciones se usan antes de los sustantivos y de los pronombres para indicar, generalmente, dónde está la persona o el objeto. Mira el ejemplo:

en	en el cuarto de baño.
	en la mesa.
	en coche.

Mira algunas preposiciones que indican la posición:

delante de	cerca de	junto a
detrás de	debajo de	entre
al lado de	encima de	sobre
enfrente de		

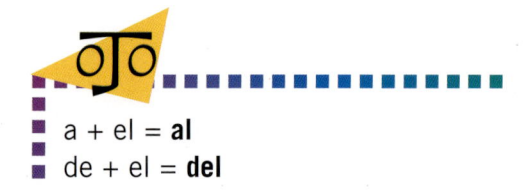

OJO

a + el = **al**
de + el = **del**

Gramática

Fíjate en los diferentes usos de las preposiciones **por** y **para**.

1) **Por** se usa para:

- cambiar alguna cosa.
- un periodo de tiempo.
- una causa.

Quiero cambiarla **por** aquella camisa.
Voy a quedarme **por** un mes.
¿**Por** qué estudias?

2) **Para** se usa para mostrar:

- para quién o qué es alguna cosa.
- el propósito.

Este regalo es **para** mi padre.
¿**Para** qué es esto?

4 Los verbos

4.1 Los verbos irregulares

ser	estar	hacer	ir	tener
soy	estoy	hago	voy	tengo
eres	estás	haces	vas	tienes
es	está	hace	va	tiene
somos	estamos	hacemos	vamos	tenemos
sois	estáis	hacéis	vais	tenéis
son	están	hacen	van	tienen

4.2 Los verbos con cambio de raíz

El cambio en la raíz ocurre en todas las personas, excepto en **nosotros** y **vosotros**. Las otras personas (yo, tú, él/ellos, ella/s y usted/es) cambian.

u →	ue	jugar →	j**ue**go
o →	ue	poder →	p**ue**des
e →	ie	preferir →	pref**ie**re
e →	i	pedir →	p**i**den

4.3 El gerundio

Para decir que la acción ocurre en el momento que la enunciamos, hay que usar el verbo *estar* (en su forma conjugada) + el gerundio del verbo que lleva la acción.

El gerundio, en español, se forma así:

	(trabaj**AR**)	(com**ER**)	(viv**IR**)
estoy	trabaj**ando**	com**iendo**	viv**iendo**
estás			
está			
estamos			
estáis			
están			

OJO

Fíjate que los verbos de las 2ª y 3ª conjugaciones son irregulares en gerundio:
leer > leyendo   dormir > durmiendo
¿Qué estás haciendo?
Estamos bailando y escuchando música.

Es posible usar la frase *pasar el tiempo* para decir qué haces en tu tiempo libre:
¿Cómo pasas el tiempo libre?
Paso el tiempo libre viendo la tele, haciendo deporte – divirtiéndome.

4.4 El futuro inmediato

El futuro inmediato se usa para hablar de alguna cosa que va a ocurrir en un futuro cercano. Se forma con el presente del indicativo del verbo **ir** + la preposición **a** + el infinitivo de un verbo.

voy vas va vamos vais van	a	estudiar comer escribir

Voy a escribir una carta. ¿A qué hora vas a venir?

4.5 El pretérito indefinido

El pretérito indefinido se usa para referirse a una acción que empezó y terminó en el pasado. Para formar el pretérito indefinido de los verbos regulares, tienes que:

◆ tomar el infinitivo
◆ quitar la terminación
◆ y añadir las siguientes terminaciones:

	viaj**AR**	com**ER**	sal**IR**
	viaj-	com-	sal-
(yo)	viaj**é**	com**í**	sal**í**
(tú)	viaj**aste**	com**iste**	sal**iste**
(él/ella/usted)	viaj**ó**	com**ió**	sal**ió**
(nosotros)	viaj**amos**	com**imos**	sal**imos**
(vosotros)	viaj**asteis**	com**isteis**	sal**isteis**
(ellos/ellas/ustedes)	viaj**aron**	com**ieron**	sal**ieron**

Los irregulares

Mira el recuadro con los principales verbos irregulares en pretérito indefinido. Fíjate que no llevan acento.

estar	hacer	poder	poner	tener	ver	ir/ser
estuve	hice	pude	puse	tuve	vi	fui
estuviste	hiciste	pudiste	pusiste	tuviste	viste	fuiste
estuvo	hizo	pudo	puso	tuvo	vio	fue
estuvimos	hicimos	pudimos	pusimos	tuvimos	vimos	fuimos
estuvisteis	hicisteis	pudisteis	pusisteis	tuvisteis	visteis	fuisteis
estuvieron	hicieron	pudieron	pusieron	tuvieron	vieron	fueron

Gramática

OJO

- Los verbos **ser** e **ir** tienen la misma forma en el pretérito indefinido.

- Hay algunos verbos que sufren cambios en la tercera persona del singular y del plural.
  - e → i   vestir: vistió, vistieron; sentir: sintió, sintieron
  - o → u   dormir: durmió, durmieron

- Otros cambian en la primera persona del singular:
  - c → qu   tocar: toqué
  - g → gu   jugar: jugué

4.6 El imperativo

El imperativo se usa para dar una orden o una instrucción a alguien.

	tú	vosotros/as	usted	ustedes
compr**AR**	compr**a**	compr**ad**	compr**e**	compr**en**
com**ER**	com**e**	com**ed**	com**a**	com**an**
sub**IR**	sub**e**	sub**id**	sub**a**	sub**an**

Los imperativos irregulares para *tú*

decir	di	hacer	haz
oír	oye	poner	pon
salir	sal	tener	ten
venir	ven	ver	ve

OJO

En los verbos reflexivos, para *vosotros* se quita la **d** final y se añade el pronombre reflexivo.

levantad + os = levantaos
sentad + os = sentaos

4.7 Los verbos *ser* y *estar*

El verbo **ser** se usa para identificar a una persona; decir la profesión; decir la nacionalidad; decir la procedencia; describir el carácter y la apariencia física. Mira su conjugación en presente del indicativo.

singular	*plural*
yo soy	nosotros somos
tú eres	vosotros sois
él/ella/usted es	ellos/ellas/ustedes son

El verbo **estar** se usa para describir la posición, una situación temporal, el estado de salud o de humor. Mira su conjugación.

singular	plural
yo estoy	nosotros estamos
tú estás	vosotros estáis
él/ella/usted está	ellos/ellas/ustedes están

A veces los verbos **ser** y **estar** usados con el mismo adjetivo pueden ser muy distintos. Mira el recuadro.

ser aburrido	estar aburrido
ser bueno	estar bueno
ser cansado	estar cansado
ser guapo	estar guapo
ser listo	estar listo
ser malo	estar malo
ser moreno	estar moreno
ser nuevo	estar nuevo
ser rico	estar rico
ser seguro	estar seguro
ser verde	estar verde
ser vivo	estar vivo

Fíjate que los adjetivos usados con el verbo **ser** muestran una calidad propia del objeto o de la persona, y con el verbo **estar**, muestran una calidad temporal, que ocurre por causa de alguna alteración.

4.8 Los verbos defectivos

Hay algunos verbos que se suelen usar solamente en la tercera persona del singular o del plural. Es el caso de los verbos *doler, encantar, faltar, gustar* e *interesar*.

Me gustan las manzanas.
Te encanta la música, ¿verdad?
Nuestro colegio es pequeño, pero no nos falta nada.
Me interesa mucho esa idea.
Me duelen los oídos.

Gramática

5 Los números ordinales

1º primer(o)
2º segundo
3º tercer(o)
4º cuarto
5º quinto
6º sexto
7º séptimo
8º octavo
9º noveno
10º décimo
11º undécimo
12º duodécimo
13º decimotercero
14º decimocuarto
20º vigésimo
30º trigésimo
40º cuadragésimo
50º quincuagésimo
60º sexagésimo
70º septuagésimo
80º octogésimo
90º nonagésimo
100º centésimo
1000º milésimo
1000000 millonésimo

Para expresar las posiciones finales, se usan las siguientes palabras:
- antepenúltimo
- penúltimo
- último o postrer(o)

Los números ordinales hasta el número 10 se usan para nombrar capítulos, reyes, papas, siglos, párrafos, etc. A partir del número 11, se usan los números cardinales.

Carlos quinto   Alfonso doce

Vocabulario

Este vocabulario tiene las palabras más comunes y usadas que aparecen en este libro (muchas palabras que aparecen en los textos no son difíciles de entender y por eso se han omitido del vocabulario). Cuando la palabra tenga más de un significado, sólo aparecerá el que corresponda al texto.

Los verbos marcados con ◆ sufren cambios de raíz u ortografía y los marcados con ◆◆ son irregulares.

Las abreviaturas: *m.* = sustantivo masculino; *f.* = sustantivo femenino; *pl.* = plural; *fam.* = familiar, jerga.

A

a partir de a partir de
a veces às vezes
abajo abaixo
abrazo *m.* abraço
abrigo *m.* casaco
aburrido/a triste
aceite (de oliva) *m.* azeite
aceituna *f.* azeitona
adecuado/a adequado
adelante adiante
además além de
adjuntar juntas
¿adónde? aonde?
afueras *f.pl.* arredores
aire libre *m.* ar livre
ajedrez *m.* xadrez
al lado de ao lado de
albergue juvenil *m.* albergue da juventude
aldea *f.* vila, vilarejo
alfombra *f.* tapete
alojamiento *m.* acomodação
alojarse hospedar
alrededor (de) em redor de
ambiente *m.* ambiente
ambos/as ambos
anchoa *f.* anchova
anteayer anteontem
antes (de) antes de
añadir adicionar
aparcamiento *m.* estacionamento
apartamento *m.* apartamento
apellido *m.* sobrenome
aquel, aquella aquele/a
aquí aqui
armario *m.* armário
arreglar arrumar
arriba acima
ascensor *m.* elevador
(de) atrás atrás
autobús *m.* ônibus
autocar *m.* ônibus
avión *m.* avião
ayer ontem
ayudar ajudar
Ayuntamiento *m.* prefeitura
azotea *f.* terraço

B

bailar dançar
bajar descer
bañarse tomar banho
baño *m.* banheiro
barco *m.* barco
barrio *m.* bairro
bastante bastante
besar beijar
bicicleta *f.* bicicleta
billete *m.* bilhete
blusa *f.* blusa
bodega *f.* armazém
bufanda *f.* cachecol
buscar◆ procurar
buzón *m.* caixa de correio

C

cada cada
cadena *f.* canal
cadena musical *f.* estação de rádio
cafetería *f.* lanchonete
calendario *m.* calendário
calidad *f.* qualidade
calle *f.* rua
calor *m.* calor
cama *f.* cama
cambiar mudar
campana *f.* campainha
campo *m.* campo
canción *f.* canção
cantar cantar
cantidad *f.* quantidade
capaz (de) capaz de
¡caramba! caramba!
carta *f.* carta
casa *f.* casa
casado/a casado
caserío *m.* casario
casi quase
castigar◆ castigar
catedral *f.* catedral
cazar◆ *f.* caçar
cenar jantar
centro *m.* centro
centro comercial *m.* shopping center
cerca (de) perto
cerrar◆ fechar
chalet *m.* chalé
chanclas *f.pl.* chinelo
chándal *m.* moletom
chaqueta *f.* jaqueta
cielo *m.* céu
cinturón *m.* cinto
cita *f.* encontro
ciudad *f.* cidade
claro/a claro
clave chave
cliente/a *m./f.* cliente
coche *m.* carro
cojín *m.* cozinha
cola *f.* almofadão
colegio *m.* colégio
colina *f.* colina
colocar◆ colocar
comedor *m.* sala de jantar
comenzar◆ começar
comer comer
comercio *m.* centro comercial
como como
¿cómo? como?
comprar comprar
comprobar◆ checar
conocer◆◆ conhecer
contar◆ contar
contestar responder
convertirse◆ **(en)** converter
corregir◆ corrigir
correo electrónico *m.* email
Correos *m.* correios
corrida *f.* corrida
cosa *f.* coisa
costar◆ custar
costumbre *f.* costume
cruzar◆ cruzar
¿cuál? qual?
¿cuándo? quando?
¿cuánto/a? quanto?
cuarto *m.* quarto
cueva *f.* cova
¡cuidado! cuidado!
culebrón *m.* telenovela
cultivar cultivar

D

darse◆◆ **cuenta (de)** perceber
debajo de debaixo
decir◆◆ dizer
dejar deixar
delante (de) em frente de
(los) demás os demais
demasiado muito
demasiado/a excessivo
dentro (de) dentro
deporte *m.* esporte
derecha *f.* direita
desconocido/a desconhecido
describir◆◆ descrever
desde (hace) desde
después depois
desván *m.* sótão
detalle *m.* detalhe
detrás (de) atrás
día *m.* dia
dibujar desenhar

66 sesenta y seis

Vocabulario

dibujo *m.* desenho
dibujos animados *m.pl.* desenhos animados
¿díga?/¿dígame? alô?
dirección *f.* endereço
divertido/a divertido
divertirse◆ se divertir
¿dónde? onde?
ducha *f.* chuveiro
dulce doce
duro/a duro

E

edificio *m.* prédio
ejemplo *m.* exemplo
electrodomésticos *m.pl.* eletrodomésticos
empezar◆ começar
(me) encanta adorar
encima (de) em cima
encontrar◆ encontar
encuesta *f.* pesquisa
enfrente (de) em frente de
enorme enorme
enseguida em seguida
enseñar ensinar
entender◆ entender
entonces então
entrada *f.* entrada
entre entre
entrevista *f.* entrevista
enviar enviar
equipo *m.* time
escalada *f.* escalada
escribir◆◆ escrever
escritorio *m.* escrivaninha
escuchar escutar
espejo *m.* espelho
estación *f.* estação
estadio *m.* estádio
estantería *f.* prateleira
este *m.* leste
este/a este/a
estrecho/a fino

F

falda *f.* saia
faltar faltar
farmacia *f.* farmácia
fecha *f.* data
fenomenal fantástico
fiesta *f.* festa
fin de semana *m.* fim de semana
finca *f.* casa de campo
flor *f.* flor
frase *f.* frase
frente *f.* frente
frío *m.* frio
frutería *f.* quitanda
fuera (de) fora
fumar fumar

G

gafas (de sol) *f.pl.* óculos de sol
galleta *f.* bolacha
ganar ganhar
gastar gastar
gorro *m.* chapéu
grabar gravar
grande grande
grandes almacenes *m.pl.* loja de departamento
granizo *m.* granizo
granja *f.* fazenda
grave grave
guerra *f.* guerra
guía *m./f.* guia
guitarra *f.* violão
gustar (a) gostar

H

haber◆◆ ter (verbo auxiliar)
habitación *f.* quarto
hablar falar
hacer◆◆ fazer
hambre *f.* fome
¡hasta luego! até logo!
heladería *f.* sorveteria
helado *m.* sorvete
hogar *m.* lar
¡hola! olá!
hoy hoje
hueco *m.* vazio

I

iglesia *f.* igreja
incluso inclusive
invierno *m.* inverno
ir◆◆. ir
isla *f.* ilha
itinerario *m.* itinerário
izquierda *f.* esquerda

J

jamás jamais
jardín *m.* jardim
jaula *f.* jaula
joyería *f.* joalheria
judías (verdes) *f.pl.* vagens
juego *m.* jogo
jugar◆ (a) jogar
juntos/as junto

K

kilómetro *m.* quilômetro

L

lado *m.* lado
lago *m.* lago
lámpara *f.* lâmpada
largo/a longo
leer◆ ler
lejos (de) longe
librería *f.* livraria
libro *m.* livro
limpiar limpar
liso/a liso
listo/a pronto
llegar◆ chegar
lo siento desculpa/sinto muito
luego logo
lugar *m.* lugar
luna *f.* lua
luz *f.* luz

M

madera *f.* madeira
malísimo/a muito mau
malo/a mau
mandar mandar
mañana amanhã
mañana *f.* manhã
mapa *m.* mapa
mar *m./f.* mar
más mais
medianoche *f.* meia-noite
medio ambiente *m.* meio ambiente
mediodía *m.* meio-dia
mejor melhor
mercado *m.* mercado
mes *m.* mês
mesa *f.* mesa
mesita *f.* mesinha
miedo *m.* medo
miembro *m.* membro
mientras enquanto
mirar olhar
mismo/a mesmo/a
moneda *f.* moeda
montaña *f.* montanha
montar a caballo andar a cavalo
mostrar◆ mostrar
moto *f.* moto
mucho/a muito
muebles *m.pl.* móveis
mundo *m.* mundo
museo *m.* museu
música *f.* música
muy muito

N

nacer◆◆ nascer
nada nada
nadar nadar
nadie ninguém
natación *f.* natação
navegar por Internet navegar na Internet
nevera *f.* geladeira
niebla *f.* névoa
noche *f.* noite
noreste *m.* nordeste
noroeste *m.* noroeste
norte *m.* norte
noticias *f.pl.* notícias
noveno/a nono
nuevo/a novo/a
nunca nunca

O

octavo/a oitavo/a
oeste *m.* oeste
oficina *f.* escritório
oír◆◆ ouvir
¡ojo! cuidado!, atenção!
opinar (de) dar opinião
opuesto/a oposto
ordenador *m.* computador
otoño *m.* outono
otro/a outro/a

P

página *f.* página
país *m.* país
paisaje *m.* paisagem
papelería *f.* papelaria
paquete *m.* pacote
parar(se) parar
pared *f.* parede
pariente *m./f.* parente
parque *m.* parque
parte *f.* parte
pasado mañana depois de amanhã

sesenta y siete 67

pasatiempo *m.* passatempo
pasearse passear
paseo *m.* excursão
pasillo *m.* corredor
pastelería *f.* doceria
pedir◆ pedir
película *f.* filme
pelota *f.* bola
pensar◆ **(en)** pensar
perfumería *f.* perfumaria
periódico *m.* jornal
pero mas
pescadería *f.* peixaria
piedra *f.* pedra
pierna *f.* perna
piloto *m.* piloto
piscina *f.* piscina
piso *m.* solo/andar
planchar passar roupa
planta (baja) *f.* térreo
plantar plantar
playa *f.* praia
plaza *f.* praça
plumas *f.pl.* pena
pobre pobre
poco/a pouco
polideportivo *m.* poliesportivo
poner◆◆ pôr
por por
por la mañana/tarde pela manhã/tarde
¿por qué? por que?
por supuesto claro
porque porque
precio *m.* preço
prefijo *m.* prefixo
preguntar perguntar
primavera *f.* primavera
primero/a primeiro
pronto/a logo, cedo
pueblo *m.* povo, vila
puerta *f.* porta
puerto *m.* porto
pues pois, visto que

Q

que que
¿qué? que?
querer◆◆ querer
¿quién? quem?
quinientos/as quinhentos/as
quinto/a quinto/a
quiosco *m.* quiosque, banca de jornal
quizá(s) talvez

R

ratos libres *m.pl.* tempo livre
razón *f.* razão
rebaja *f.* promoção
recibir receber
recomendación *f.* recomendação
regalo *m.* presente
regla *f.* regra
regresar regressar
reina *f.* rainha
revista *f.* revista
rey *m.* rei
rico/a rico
rincón *m.* canto
río *m.* rio
roto/a quebrado
ruta *f.* itinerário
rutina *f.* rotina

S

saber◆◆ saber
sala *f.* sala
salida *f.* saída
salir◆◆ sair
segundo/a segundo
sello *m.* selo
selva *f.* floresta
semana *f.* semana
sembrar semear
séptimo sétimo
setecientos/as setecentos/as
sexto/a sexto/a
siempre sempre
sierra *f.* serra
significar significar
siguiente seguinte
silla *f.* cadeira
sillón *m.* poltrona
sino mas, senão
sitio *m.* lugar
sobre sobre
solamente somente
soler◆ costumar
sorpresa *f.* surpresa
soso/a sem graça
sótano *m.* porão
su seu
subir subir
sucio/a sujo/a
suelo *m.* solo
suerte *f.* sorte
supermercado *m.* supermercado
sur *m.* sul
sureste *m.* sudeste
suroeste *m.* sudoeste

T

tal vez talvez
talla *f.* tamanho
tarde *f.* tarde
tarjeta *f.* cartão
taza *f.* xícara
teatro *m.* teatro
tebeo *m.* revista em quadrinhos
tejado *m.* telhado
telaraña *f.* teia de aranha
teléfono *m.* telefone
temprano cedo
tener◆◆ ter
tener◆◆ **ganas** ter vontade
tercero/a terceiro
terraza *f.* terraço
tiempo libre *m.* tempo livre
tienda *f.* loja
tierra *f.* terra
toalla *f.* toalha
todavía ainda
tormenta *f.* tempestade
trabajar trabalhar
traer◆◆ trazer
trozo *m.* pedaço

U

urbano/a urbano
usar usar
útil útil
utilizar usar

V

vacaciones *f.pl.* férias
¡vale! está bem!
valle *m.* vale
vaqueros *m.pl.* jeans
varios/as vários
vaso *m.* copo
vecino/a *m./f.* vizinho
ventana *f.* janela
ver◆◆ ver
verano *m.* verão
verdulería *f.* quitanda
verduras *f.pl.* verdura
viajar viajar
vida *f.* vida
videojuego *m.* video game
viento *m.* vento
vivir viver
volar◆ voar

Y

ya já

Z

zapatería *f.* loja de sapato
zapatillas *f.pl.* tênis
zapatos *m.pl.* sapatos
zuecos *m.pl.* tamancos

CUADERNO DE EJERCICIOS 2

Hablemos

2

Isabel Alonso de Sudea
Cathy Knill

OXFORD

Indice

página 3	Introducción
página 4	Mapa de América Latina
página 5	Mapa de España
página 6	Crucigrama
página 7	**Paso 1:** Ratos libres
página 13	**Paso 2:** Casas y vivendas
página 19	**Paso 3:** Paseos y excursiones
página 25	Ponte a punto

Introducción

Bienvenido al cuaderno de ejercicios de *Hablemos 2*. En este cuaderno tendrás la oportunidad de practicar lo que has aprendido en el libro del alumno. Mientras estudias el libro del alumno, contesta gradualmente también las actividades extras del cuaderno de ejercicios. Haciendo las actividades de este cuaderno, podrás fijar mejor el contenido gramatical estudiado.

Al final de cada Paso, hay una sección de **Oriéntate** y otra de **A ti te toca**, donde será posible comprobar lo que has aprendido. En la sección final, que se llama **Ponte a punto**, podrás probar tus habilidades y estrategias de aprendizaje.

¡Qué lo disfrutes!

América Latina y España 6-7

América Latina

EEUU

Océano Atlántico

MEJICO
Méjico
Habana
CUBA
HAITI
REPUBLICA DOMINICANA
San Juan
Santo Domingo
PUERTO RICO
BELICE
HONDURAS
GUATEMALA
Guatemala
Tegucigalpa
San Andrés
NICARAGUA
San Salvador
EL SALVADOR
Barranquilla
Lago de Maracaibo
Managua
San José
Caracas
Río Orinoco
COSTA RICA
PANAMA
VENEZUELA
GUAYANA
SURINAM
GUAYANA FRANCESA
Bogotá
COLOMBIA
Quito
ECUADOR
Islas Galápagos
Río Amazonas

BRASIL

Los Andes
PERU
Lima
Lago de Titicaca
La Paz
Brasilia
Los Andes
BOLIVIA
PARAGUAY
Océano Pacífico
CHILE
Asunción
ARGENTINA
Archipiélago de Juan Fernández
Aconcagua
URUGUAY
Santiago
Buenos Aires
Montevideo
Río de la Plata

Estrecho de Magallanes
Las Malvinas
Tierra del Fuego
Cabo de Horno

4 cuatro

España

1 Contesta a las preguntas.

¿Cuántos países hay en América Latina?
_____
_____

¿Cuántas regiones (comunidades autónomas) hay en España?
_____
_____

2 Por turnos con tu compañero/a pregunta y contesta.

A: ¿Cómo se llama la capital de ...?

B: Se llama ...

A: _____ **B:** _____
A: _____ **B:** _____

Crucigrama   6–7

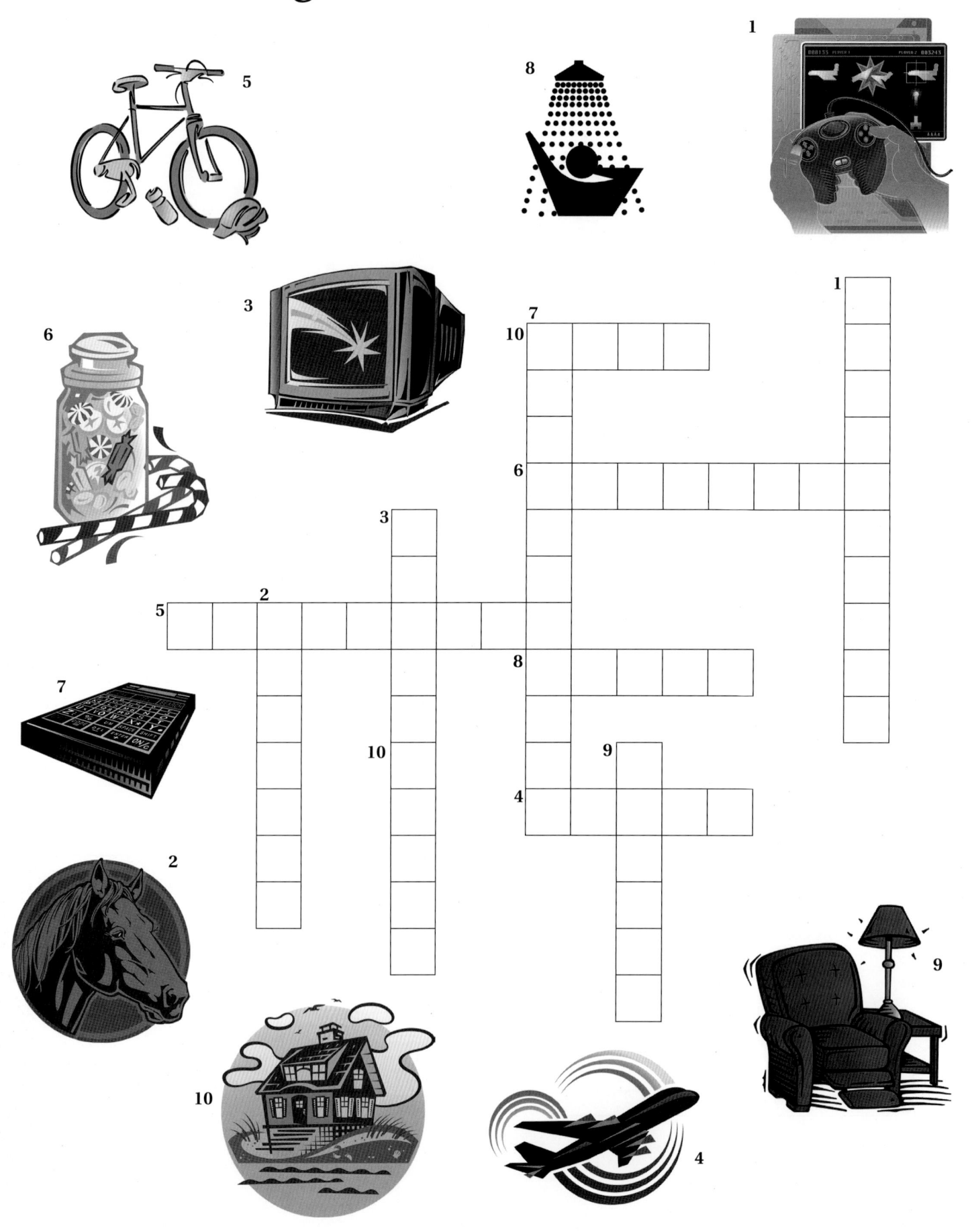

Pasatiempos   8–9

1a Rellena los huecos con un infinitivo adecuado.

a	Rosa: Me gusta _____ salsa pero no me gusta _____ revistas.
b	Oscar: Me gustan los animales. Me encanta _____ a caballo.
c	Javier: Me gusta _____ la guitarra y _____ música.
d	Ana: Me encanta _____ con videojuegos o _____ al cine con mi hermano.
e	Alejandro: No me gusta el arte. Odio _____.
f	Isabel: Me gusta _____ con amigos. No me gusta _____ la televisión.

bailar
dibujar
escuchar
ir
jugar
leer
montar
salir
tocar
ver

2a A ti te toca. Rellena la ficha con tus opiniones.

Mis pasatiempos
Me encanta _____
Me gusta _____
No me gusta _____
Odio _____

2b Pregunta y contesta con tu compañero/a. Rellena la ficha con sus opiniones.

Ejemplo:
A: ¿Qué te encanta hacer?
B: Me encanta leer.
A: ¿Qué te gusta hacer?
B: Me gusta montar a caballo.
A: ¿Qué no te gusta hacer?
B: ...
A: ¿Qué odias?
B: ...

Los pasatiempos de _____
Le encanta _____
Le gusta _____
No le gusta _____
Odia _____

3 Jugad en grupo.

Ejemplo:
A: Me gusta salir con amigos.
B: Me gusta montar a caballo y salir con amigos.
C: Me gusta escuchar música, montar a caballo y ...

ADELANTE

📖 Busca un pasatiempo original en el diccionario.

Me gusta _____

Ratos libres

1 ¿Qué deportes practicas? 10-11

1a Completa las frases con *más que* o *menos que*.

a   b   c   d   e

    a Tonia es ___más___ pequeña ___que___ Tonto.
    b Ignacio es _____ grande _____ Iván.
    c El pelo de Ruth es _____ largo _____ el pelo de Rebeca.
    d Alfonso es _____ viejo _____ Alberto.
    e El surf es _____ popular _____ el ciclismo.

1b Ahora escribe frases completas.

    Tonto (grande) _____
    Iván (pequeño) _____
    El pelo de Rebeca (corto) _____
    Alberto (joven) _____
    El ciclismo (popular) _____

2a Lee la entrevista con Belén. Empareja las respuestas con las preguntas.

☐ **1** ¿Quién es tu deportista preferido/a?
☐ **2** ¿Qué hace?
☐ **3** ¿Cuál es tu equipo preferido?
☐ **4** ¿Qué colores llevan?
☐ **5** Y tú, ¿qué deportes practicas?
☐ **6** ¿Cuál prefieres?

a Juega al tenis.
b Prefiero el Athletic porque juegan aquí en Bilbao.
c Juego al tenis. Practico también el surf y la natación.
d Me gusta Arantxa Sánchez Vicario.
e Rojo y blanco.
f Prefiero el surf.

2b A ti te toca. Ahora escribe tus respuestas.

    1 _____   4 _____
    2 _____   5 _____
    3 _____   6 _____

¿Cómo pasas el tiempo libre? 12–13   **1**

1a Lee los anuncios. Busca a un amigo/una amiga por correspondencia para la persona en cada anuncio.

¡Hola chicos/as! Soy Elena. Busco amigos/as de todas partes del mundo. Me gustan los deportes y la literatura. Escribidme a: Elena Menchero …

¡Eh! Me llamo David, soy de Cuba y quiero escribirme con chicos de todos los países. Me encanta jugar con videojuegos o escuchar música. Toco la guitarra y el piano. Mi dirección es: David Navarro, …

¡Hola chicas! ¿Qué tal? Soy Francisco. Me encantan los deportes, sobre todo la natación. Me gusta también salir con amigos, ir al cine o a la cafetería. Escríbeme a: Francisco Pellicer, …

¡Hola! Soy Laura. Me gustan los vídeos, los libros y la informática. Me encanta Internet. Puedes escribirme a: Laura Teixera, …

1b Indica las respuestas con ✔.

Elena						
Francisco						
David						
Laura						

1c A ti te toca. Completa tu propio anuncio.

¡Hola chicos/as! Soy _____. Quiero escribirme con _____. Me gusta _____. Paso el tiempo libre _____ _____. Escríbeme a _____.

1 ¿Qué vas a hacer? 14–15

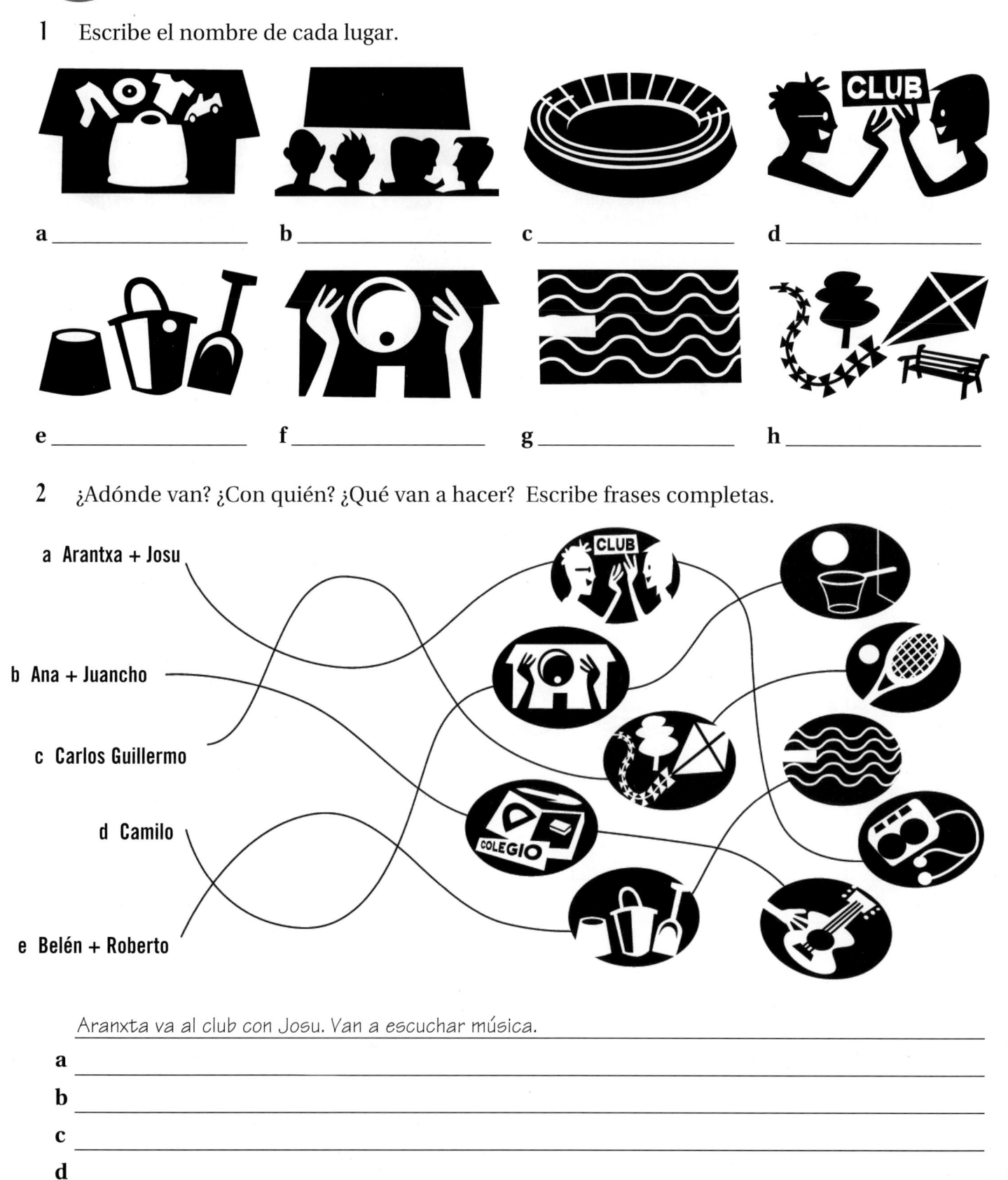

1 Escribe el nombre de cada lugar.

a _____ b _____ c _____ d _____

e _____ f _____ g _____ h _____

2 ¿Adónde van? ¿Con quién? ¿Qué van a hacer? Escribe frases completas.

a Arantxa + Josu

b Ana + Juancho

c Carlos Guillermo

d Camilo

e Belén + Roberto

Aranxta va al club con Josu. Van a escuchar música.

a _____
b _____
c _____
d _____
e _____

10 diez

ORIÉNTATE

1

1a Escribe el infinitivo adecuado.

a  _____ b  _____ c  _____ d _____

e  _____ f  _____ g _____

2a Rellena los huecos con la forma correcta del verbo 'ir'.

– Hola, ¿adónde _____, Jorge?
– _____ a la piscina, ¿y tú?
– _____ al centro comercial.
– ¡Adiós!

2b ¿Qué opinas? Contesta las preguntas sobre lo que más te gusta hacer.

– ¿Te gusta jugar al voleibol?
– ¿Te gusta nadar?
– ¿Te gusta el ping-pong?
– ¿Te gusta el atletismo?
– ¿Te gusta jugar al baloncesto?
– ¿Te gusta jugar al fútbol?

Ahora explica por qué te gustan algunos de esos deportes y por qué no te gustan los otros.

3 Por turnos con tu compañero/a pregunta y contesta.

Ejemplo:
A: ¿Cómo pasa Conchita el tiempo libre?
B: Conchita pasa el tiempo libre escuchando música.

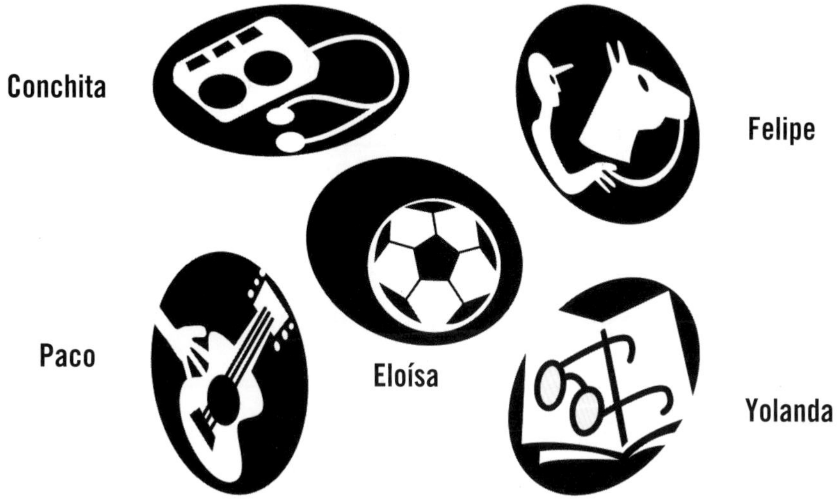

Conchita • Felipe • Paco • Eloísa • Yolanda

once 11

1 A TI TE TOCA   16–21

Escribe respuestas personales.

¿Qué te gusta hacer en el tiempo libre? _____
_____

¿Te gusta bailar? _____
_____

¿A tu compañero/a le gusta salir con sus amigos?
_____

¿Qué deportes practicas? _____
¿Cuál prefieres? _____
¿Adónde vas a ir esta semana? _____
_____

¿Con quién? _____
¿Qué estás haciendo ahora? _____
_____

¿Ya sabes …?	MUY BIEN	BIEN	REGULAR	NO MUY BIEN
pronunciar las letras J y G en español				
entender las abreviaturas en un diccionario				
reconocer los falsos amigos				
usar los verbos "ir", "jugar" y "preferir" (tiempo presente)				
usar el gerundio de los verbos				

¿Qué es lo que encuentras fácil?
_____

¿Qué es lo que te gustaría repasar o repetir?
_____

¿Hay algo que debes aprender de memoria?
_____

¿Dónde vives? 24-25

1a Completa el crucigrama.

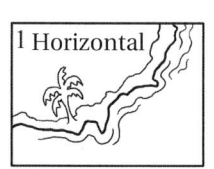

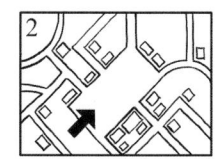

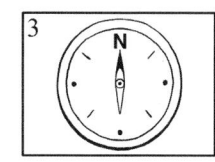

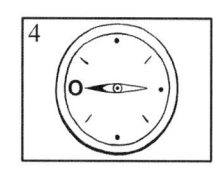

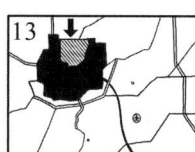

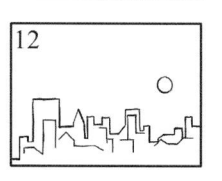

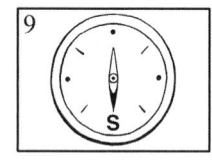

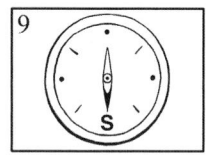

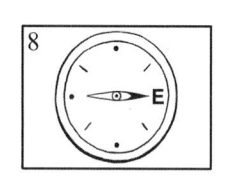

1b ¿Dónde viven? Escribe unas frases.

Ejemplo:
Pablo vive en una casa moderna en el centro de la ciudad.

2 ¿Dónde vives? Escribe algunas frases sobre la ciudad o el barrio donde vives.

Casas y viviendas

trece 13

2 ¿Cómo es tu casa? 26-27

1 Mira la casa. Indica las cinco frases correctas con ✔. Corrige las tres incorrectas.

- [ ] **a** El cuarto de baño está entre la sala y el comedor.
- [ ] **b** La azotea está en el sótano.
- [ ] **c** Hay cinco habitaciones.
- [ ] **d** Tiene un balcón en el segundo piso.
- [ ] **e** No tiene comedor.
- [ ] **f** El garaje está debajo de la cocina.
- [ ] **g** La cocina está en la planta baja.
- [ ] **h** Tiene un jardín bonito.

2 El contexto general: anota.

a el país donde vive Gabriel Alfonso
_____

b su ciudad
_____

c su opinión
_____

> ¡Hola y rehola! ¡Soy yo, Gabriel Alfonso otra vez!
> Os cuento que vivo en una ciudad grande – la Ciudad de Guatemala, que es la capital de Guatemala. Hay más o menos dos millones de habitantes y se sitúa a unos 1.500 metros de altura. La ciudad se divide en quince zonas. Las avenidas van del norte al sur y las calles del este al oeste. Por ejemplo: 9ª Avenida 15 – 12, Zona 1, quiere decir que buscas primero la Zona 1 en el mapa. Dentro de la Zona 1 buscas la novena avenida entre las calles 15 y 16, y es la casa o edificio número 12, en la 9ª avenida.
> Vivo en una casa de un solo piso en un barrio que se llama Mixco. Mi casa es moderna y tiene un pequeño patio detrás y un jardín delante. No tiene garaje. En la ciudad muchas casas están protegidas por muros altos y hay perros grandes y feroces que las guardan.
> Me gusta mucho mi ciudad porque es bonita y tiene un clima agradable todo el año. Hay unos volcanes muy cerca y la tierra es muy inestable. Casi todos los días hay un ligero terremoto en una parte del país.

3 El detalle: contesta a las preguntas.

a ¿Cuántos habitantes tiene la capital?

b ¿Cuántas zonas hay en la ciudad?

c ¿Cómo se llama el barrio donde vive Gabriel Alfonso?

d Da dos datos sobre su casa y dos sobre muchas otras casas.

e ¿Por qué le gusta su ciudad?

¿Te ayudo?

cómodo/a	moderno/a	bonito/a
antiguo/a	viejo/a	nuevo/a
amplio/a	pequeño/a	grande

📖 Busca cinco palabras más.

¿Qué tienes en tu habitación? 28-29 ②

1 ¿Qué tiene cada persona en su habitación? Escribe tres listas.

María tiene _____

Alfonso tiene _____

Ana tiene _____

2 Describe la habitación.

_____

2 ¿Qué tienes que hacer? 30–31

1a Empareja las frases con los dibujos.

Julieta ✗   Hernando ✓✓   Zoraida ✓   Felipe ✓✓✓✓   Sonia ✓✓✓

1b Escribe una frase para cada persona.

Tengo que ...
- a hacer las compras
- b lavar el coche
- c hacer la cama
- d pasear el perro
- e sacar la basura

✓✓✓✓	siempre
✓✓✓	a menudo
✓✓	a veces
✓	casi nunca
✗	nunca

Julieta: *Nunca paseo* _____

Hernando: _____

Felipe: _____

Zoraida: _____

Sonia: _____

2 **A ti te toca.** ¿Qué hiciste en tu habitación ayer? Y ¿qué vas a hacer mañana? Escribe cuatro frases.

Ayer _____

_____

Mañana _____

_____

3 Haz una encuesta a tus compañeros/as y descubre lo que hace cada persona.

	tocar la guitarra	hacer los deberes	chatear en el ordenador	escuchar música	dormir temprano	comer	fregar los platos	pasear
1								
2								
3								

16 dieciséis

ORIÉNTATE

1 Ordinales y preposiciones.
Mira la casa estrafalaria y escribe lo que hay en cada piso.

La cocina está en el sótano.
_____
_____
_____
_____
_____
_____
_____
_____

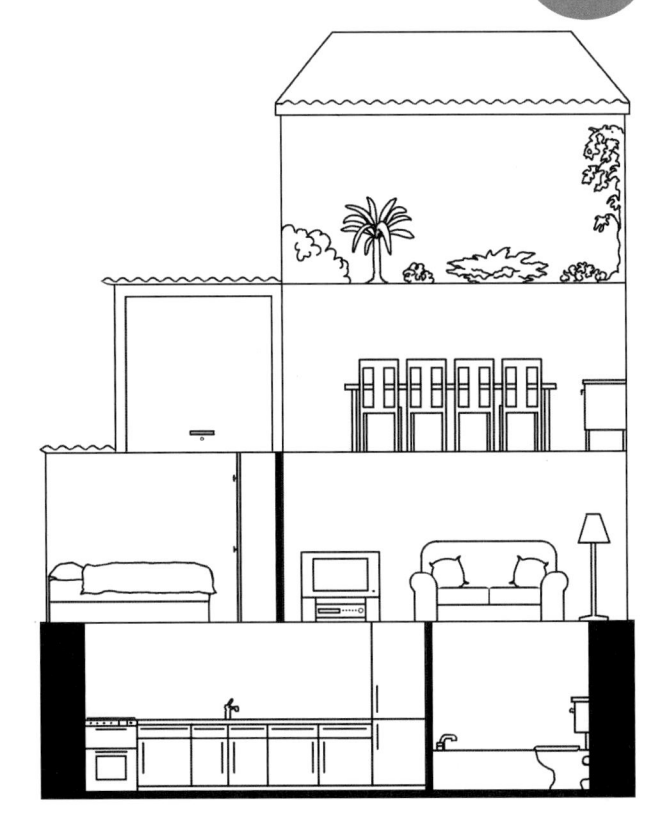

2 Los adjetivos demostrativos.
Mira el apartamento de la página 26.
Da instrucciones para colocar los muebles en los cuartos.

Pon aquel sillón en la sala.
_____
_____
_____

3 Escribe lo que tienen que hacer.

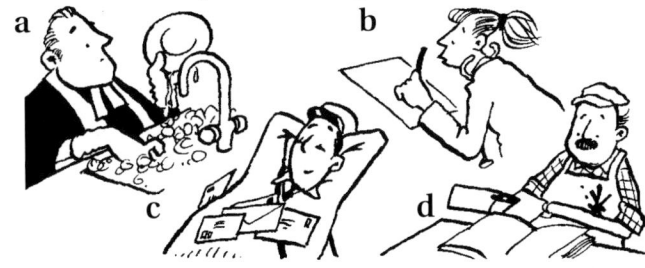

a El abogado tiene que _____
b _____
c _____
d _____

diecisiete 17

2 A TI TE TOCA 35–39

Escribe respuestas personales.

¿Dónde vives?

_____

¿Cuál es tu dirección? ¿Y tu número de teléfono?

_____

¿Vives en una casa o en un apartamento? ¿Cómo es?

_____

¿Qué hay en tu casa/apartamento? ¿Cuántas habitaciones hay?

_____

¿De qué color es tu habitación? ¿Cómo es?

_____

¿Qué muebles tienes? _____

¿Qué tienes que hacer en casa? _____

¿Ya sabes ...?	MUY BIEN	BIEN	REGULAR	NO MUY BIEN
inventar abreviaturas para ayudarte cuando tomas notas				
inventar redes de palabras para aprender el vocabulario				
usar las preposiciones				
usar "este", "ese" y "aquel"				
usar los pronombres demostrativos				
usar los verbos "hacer", "tener que" y "dormir" en presente del indicativo				

¿Qué es lo que encuentras fácil?

_____

¿Qué es lo que te gustaría repasar o repetir?

_____

¿Hay algo que debes aprender de memoria?

_____

¿Dónde te alojaste? 42–43

3

1 ¿Cómo viajaron? Busca las palabras en la sopa de letras.

T	O	K	T	A	F	E	R	R	Y	O	F	R	B
G	P	R	R	A	N	Y	T	S	R	H	L	V	I
J	T	R	E	C	M	A	G	A	V	J	M	S	C
K	A	U	N	O	A	V	I	Ó	N	K	E	A	I
L	X	L	B	C	U	G	H	B	J	L	T	E	C
X	I	B	F	H	T	Q	V	N	M	X	R	O	L
C	Q	A	H	E	O	E	T	M	O	T	O	X	E
G	F	R	J	W	B	A	G	P	R	O	F	R	T
H	H	C	O	F	Ú	S	A	T	B	N	L	A	A
J	Y	O	L	G	S	A	U	T	O	C	A	R	Ñ

2a Lee y completa los textos.

hotel   albergue juvenil   camping   pensión

Cuando estoy de vacaciones no quiero preparar comida, hacer la cama, fregar los platos, ocuparme de todo esto. Lo que quiero es un poco de lujo, nadar en la piscina o ir al gimnasio, y comer en un buen restaurante. Yo siempre me alojo en _____.

A mí me gusta ir al _____ porque no cuesta mucho. También me encanta estar al aire libre. A veces se puede jugar al tenis o al minigolf. Es divertido porque siempre hay otras familias.

Me encanta viajar. Viajo por todas partes del mundo porque quiero ver todo lo que hay. Siempre me alojo en _____. No es lujoso pero es limpio, seguro y no cuesta mucho. También se puede encontrar a mucha gente interesante.

Prefiero alojarme en _____. Es cómodo y menos caro que un hotel. Me gusta estar en el centro de la ciudad — desayuno y luego salgo a ver los sitios de interés. Cuando vuelvo quiero una ducha, una cama y un poco de privacidad.

2b ¿Y tú, dónde prefieres alojarte? Explica.

Prefiero alojarme en _____

_____

Paseos y excursiones

diecinueve   19

3 Conchi, Raúl, Pilar y Luis fueron a distintos países en las últimas vacaciones: Alemania, Estados Unidos, Francia y Polonia.
Viajaron en ferry, avión, coche y autocar.
Se alojaron en un hotel, un camping, una pensión y un albergue juvenil.
Decide adónde fue cada persona, cómo viajó y dónde se alojó.

a Conchi no fue a Polonia.
b Pilar fue a Francia.
c Conchi viajó en ferry.
d La persona que visitó los Estados Unidos viajó en avión.
e La persona que viajó en coche no fue ni a Polonia ni a Alemania.
f Luis viajó en autobús.
g Conchi se alojó en un camping.
h La persona que fue a Polonia se alojó en una pensión.
i Raúl se alojó en un hotel.

Nombre	País	Transporte	Alojamiento

¿Qué hiciste? 44–45

1a Mira los diarios. Por turnos con tu compañero/a pregunta y contesta:

A: ¿Adónde fuiste el … ? ¿Qué hiciste?

B: El … fui al/a la … Compré …

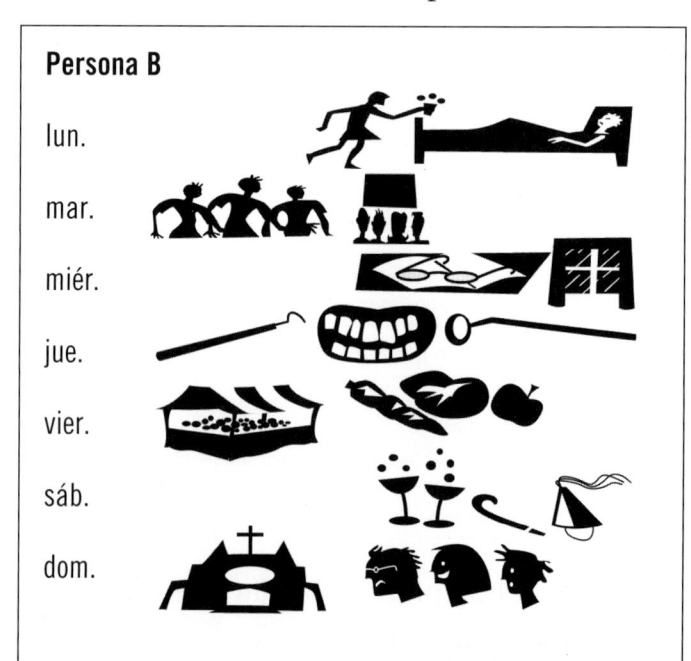

Persona A

lun.
mar.
miér.
jue.
vier.
sáb.
dom.

Persona B

lun.
mar.
miér.
jue.
vier.
sáb.
dom.

2a Mira los dibujos y escribe lo que hizo Roberto el domingo pasado.

El domingo por la mañana Roberto desayunó pan, mermelada y café.
_____
_____
_____
_____
_____
_____
_____

2b Describe tu fin de semana pasado.
_____
_____
_____
_____
_____
_____
_____

3 ¡Saludos desde Bilbao! 46–47

1 Empareja las respuetas con las preguntas.

A: ¿Adónde fue Josu?
¿Para qué?
¿Qué tal lo pasó?
¿Por qué?

B: ☐ Lo pasó bien.
☐ Fue a San Sebastián.
☐ Porque fueron al cine.
☐ Para visitar a su padre.

2a Lee los textos y busca un dibujo adecuado para cada persona.

Fuimos al bosque encantado de Oma. Hay cientos de pinos cubiertos de colores que pintó el artista Agustín Ibarrola. Paseamos dos horas por el bosque mirando las formas, los colores y las perspectivas. Fue divertidísimo. Lo pasamos muy bien. **Belén**	Fui de excursión con mis tíos y mis primos. Visitamos el mercado de Gernika-Lumo que se celebra todos los lunes. Se venden productos agrícolas de la zona, pero no compramos nada. **Mirén**
Fui con el club de jóvenes a la cueva de Santimamiñe. Fue muy interesante. Vimos los dibujos de los hombres paleolíticos en las paredes de la cueva y también unas formaciones calcáreas espectaculares. Me gustó mucho. **Arantxa**	Fuimos en familia al Parque Natural de Pagoeta. Llevamos algo de comer y beber, y comimos en la zona de picnic. Aprendí un poco sobre la naturaleza de la región en el Centro de Interpretación donde vimos una película. Después compré unas postales. **Roberto**

a _____ b _____ c _____ d _____

2b Escoge a una persona de **2a**. Describe su excursión a tu compañero/a.

Ejemplo: Belén fue al bosque encantado de Oma. ...

2c ¿Vas a ir de vacaciones? ¿Vas a ir con tu familia o con amigos? ¿Qué vas a hacer? Escribe unas frases.

ORIÉNTATE

3

1a Lee el texto y subraya los verbos.

> ¡Hola! Me preguntas ¿Cómo es tu fin de semana? Pues el sábado por la mañana visito a mi abuela. Tomamos café y hablamos de mi vida. Luego escribimos su lista de compras y voy al supermercado para hacer las compras para la semana. Después preparamos algo para comer y comemos juntas. Por la tarde mis padres me dan el dinero de bolsillo. Paseo el perro en el parque y compro unas revistas. Luego visito a una amiga y vamos a la cafetería para charlar y encontrarnos con otros amigos. Ceno a las nueve con mi familia. Después mis padres friegan los platos y ven la televisión.
> El domingo me levanto tarde. Hago mis deberes y escucho música en mi habitación. Por la tarde leo revistas y veo un poco la tele. Más tarde me lavo el pelo y preparo mi mochila para el lunes.

1b Reescribe el texto cambiando los verbos al tiempo pretérito.

¡Hola! Me preguntaste ¿Cómo fue tu fin de semana?
Pues el sábado pasado por la mañana visité _____

_____
_____
_____
_____
_____
_____
_____
_____

2a Escribe las formas del pretérito indefinido de los verbos regulares.

	viajAR	**comER**	**salIR**
yo	_____	_____	_____
tú	_____	_____	_____
él/ella/usted	_____	_____	_____
nosotros	_____	_____	_____
vosotros	_____	_____	_____
ellos/ellas/ustedes	_____	_____	_____

2b Elige dos verbos irregulares y conjúgalos en pretérito indefinido.
ir: fui, fuiste, _____

_____

veintitrés 23

3 A TI TE TOCA 48–49

Escribe respuestas personales.

¿Adónde fuiste la semana pasada? ¿Para qué?
_____

¿Adónde fuiste durante las vacaciones de verano?
_____

¿Con quién fuiste?
_____

¿Dónde te alojaste?
_____

¿Cómo viajaste?
_____

¿Qué hiciste?
_____

¿Qué compraste?
_____

¿Qué comiste?
_____

¿Qué tiempo hizo?
_____

¿Cuánto tiempo estuviste allí?
_____

¿Qué tal lo pasaste?
_____

¿Ya sabes …?	MUY BIEN	BIEN	REGULAR	NO MUY BIEN
usar el pretérito imperfecto				
buscar verbos en el diccionario				

¿Qué es lo que encuentras fácil?
_____

¿Qué es lo que te gustaría repasar o repetir?
_____

¿Hay algo que debes aprender de memoria?
_____

Ponte a punto A

1a No te olvides de las palabras que usamos para hacer un texto más interesante. Organiza las letras y descubre seis conjunciones.

rope _____

uropeq _____

ducona _____

orp plejome _____

uqe _____

sia equ _____

1b Ahora junta estas frases cortas para hacer una frase más larga usando las palabras del ejercicio **1a**.

Soy Andrés. Vivo en Gijón. Es un pueblo. Está en Asturias. Me gusta. _____

1c Ahora añade a la frase anterior adjetivos, preposiciones, adverbios y palabras calificadoras.

2a Escribe abreviaturas para estas palabras: jardín, izquierda, comedor y terraza.

2b ¿Qué significan estas abreviaturas? bño, dcha, tfno, c/, avda.

3 Completa la red de palabras.

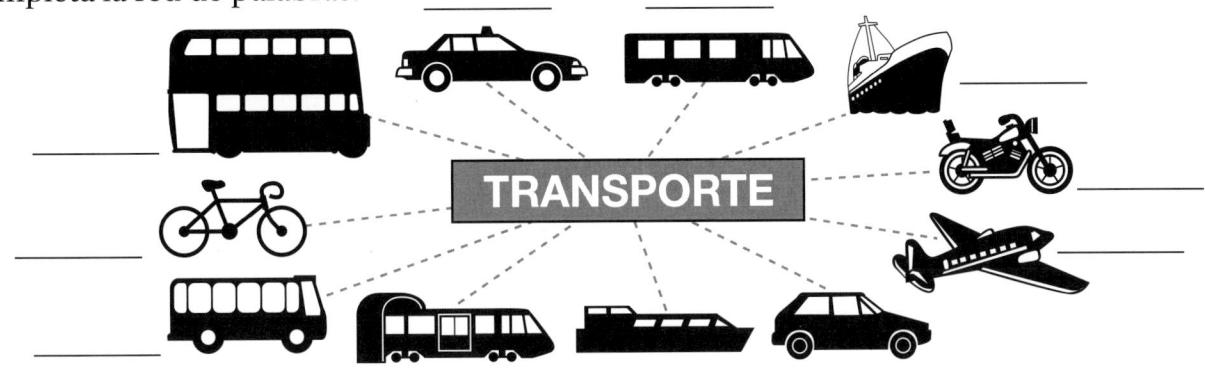

TRANSPORTE

Ahora haz lo mismo para los deportes, los pasatiempos y las cosas que hay en tu habitación.

venticinco 25

3 Ponte a punto B

4a Pon las palabras del recuadro en la línea del tiempo.

pasado	presente	presente continuo	futuro

ahora mismo   normalmente   ayer   mañana   la semana pasada   pasado mañana

Añade más ejemplos.

4b Usando la línea del tiempo, pon los verbos en la columna correcta.

voy a jugar   estoy leyendo   compré   estudio   voy   hice   estoy viendo   voy a comer   bebí   voy a limpiar   estoy bailando   vivo   estoy durmiendo   hablé

4c Subraya y escribe el tiempo de los verbos en el texto.

Normalmente jugamos al baloncesto los jueves pero hoy es viernes y estamos jugando porque vamos a jugar mañana en un concurso que queremos ganar porque perdimos cuando jugamos el año pasado.

Escribe otro texto y clasifica los verbos.

5 ¿Qué significan las abreviaturas?

adj _____   m _____
v   _____   f _____
n   _____

6 Haz la clasificación de los verbos de acuerdo con el tiempo, persona, si es regular o irregular, etc.

tuvimos _____   hago   _____
estoy   _____   está trabajando _____
fuiste   _____   vais a jugar   _____

7 G o j? Completa correctamente los huecos.

___ amón   ___ usto
___ ato   lar___o
___ eneral   Ar___entina
___ oven   ___ueves